"十三五"国家重点出版物出版规划项目

交通安全科学与技术学术著作丛书

智能驾驶决策规划与控制

褚端峰　陆丽萍　秦　岭　著

科学出版社

北　京

内 容 简 介

　　智能驾驶系统是包含环境感知、决策规划与跟踪控制等方法于一体的综合系统,并运用自动控制、信息与通信、计算机科学、车辆动力学等多学科知识。决策规划与控制方法是智能驾驶系统的核心内容。本书详细介绍了智能驾驶系统的行为决策、驾驶轨迹规划、跟踪控制、列队控制和智能网联测试等方法,旨在帮助读者以快速、有效的方式,掌握决策规划与控制相关的模型与算法。此外,本书从实际应用出发,融合了研究团队在本领域的典型成功案例。

　　本书可供高等院校车辆工程、交通运输工程、自动化、计算机等专业的高年级本科生和研究生参考,也可供对智能驾驶决策规划与控制领域感兴趣的技术人员学习使用。

图书在版编目(CIP)数据

智能驾驶决策规划与控制/褚端峰,陆丽萍,秦岭著. —北京:科学出版社,2022.9

(交通安全科学与技术学术著作丛书)

"十三五"国家重点出版物出版规划项目

ISBN 978-7-03-072986-6

Ⅰ. ①智… Ⅱ. ①褚… ②陆… ③秦… Ⅲ. ①汽车驾驶–自动驾驶系统 Ⅳ. ①U463.61

中国版本图书馆 CIP 数据核字(2022)第 154693 号

责任编辑:孙伯元 / 责任校对:崔向琳
责任印制:赵　博 / 封面设计:陈　敬

科 学 出 版 社 出版
北京东黄城根北街 16 号
邮政编码:100717
http://www.sciencep.com

北京科印技术咨询服务有限公司数码印刷分部印刷
科学出版社发行　各地新华书店经销
*
2022 年 9 月第 一 版　开本:720×1000　1/16
2025 年 1 月第三次印刷　印张:12 3/4
字数:252 000
定价:108.00 元
(如有印装质量问题,我社负责调换)

"交通安全科学与技术学术著作丛书"序

交通安全作为交通的永恒主题，已成为世界各国政府和人民普遍关注的重大问题，直接影响经济发展和社会和谐。提升我国交通安全水平，符合新时代人民日益增长的美好生活需要。

"交通安全科学与技术学术著作丛书"的出版体现了我国交通运输领域的科研工作者响应"交通强国"战略，把国家号召落实到交通安全科学研究实践和宣传教育中。丛书由科学出版社发起，我国交通运输领域知名专家学者联合撰写，入选首批"十三五"国家重点出版物出版规划项目。丛书汇聚了水路、道路、铁路及航空等交通安全领域的众多科研成果，从交通安全规划、安全管理、辅助驾驶、搜救装备、交通行为、安全评价等方面，系统论述我国交通安全领域的重大技术发展，将有效促进交通运输工程、船舶与海洋工程、汽车工程、计算机科学技术和安全科学工程等相关学科的融合与发展。

丛书的策划、组织、编写和出版得到了作者和编委会的积极响应，以及各界专家的关怀和支持。特别是，丛书得到了吴有生院士、范维澄院士、翟婉明院士、丁荣军院士、李骏院士和郑健龙院士的指导和鼓励，在此表示由衷的感谢！科学出版社魏英杰编辑为此丛书的选题、策划、申报和出版做了许多繁琐而富有成效的工作，特表谢意。

交通安全科学与技术是一个应用性很强的方向，得益于国家对交通安全技术的持续资金投入和政策支持，丛书结合 973 计划、863 计划和国家自然科学基金、国家支撑计划、重点研发任务专项等国家和省部级科研成果，是作者在长期科学研究和实践中通过不断探索撰写而成的，汇聚了我国交通安全领域最新的研究成果和发展动态。

我深信这套丛书的出版，必将推动我国交通安全科学与技术研究工作的深入开展，在技术创新、人才培养、安全教育和工程应用等方面发挥积极的作用。

中国工程院院士
武汉理工大学交通运输工程学科首席教授
国家水运安全工程技术研究中心主任

前　言

　　智能驾驶通过先进的传感器、控制器等，运用环境感知、定位导航、决策规划、运动控制等方法，使汽车具备先进的辅助驾驶或自动驾驶功能。智能驾驶系统的应用范围广泛，是未来交通运载工具的主要发展趋势之一。智能驾驶在提高交通安全、缓解交通拥堵、促进节能环保等方面具有重要的推动作用。

　　决策规划与控制是智能驾驶的核心技术之一。目前，关于智能驾驶决策与控制方法的文献非常多，但初学者往往会感到无从下手，想要在短期内上手非常困难。多数专著在阐述原理时，主要以文字概述为主，缺少具体的公式及应用案例。同时，由于智能驾驶技术涵盖的内容非常广泛，作者的表述习惯又不一致，要系统地理解智能决策规划与控制原理非常困难。鉴于此，本书由研究团队经过实践筛选，突出重点，挑选出目前主流的决策规划与控制方法，帮助读者快速上手。写作时尽量使用通俗易懂、精简的语言文字，并配以生动的图表描述。

　　本书的核心内容是智能驾驶决策规划与控制，决策规划主要是行为规划与运动规划；控制方法有经典控制、现代控制和智能控制。全书共分为六章，分别从智能驾驶的行为决策、轨迹规划、跟踪控制、列队控制以及智能网联测试技术展开，层层递进。每章都配有研究团队应用的具体案例，将理论与实践结合，以帮助读者更容易地理解相关知识点。

　　经过本书作者及团队多年攻关，决策规划与控制从理论研究到工程开发都积累了一系列的研究经验。本书将智能汽车研究中应用的决策控制理论的概念和方法整理出来，一方面为课题组形成系统的学习资料，方便后续研究；另一方面也可为从事移动机器人、无人机、无人船艇的研究者提供参考资料。本书的研究工作得到国家重点研发计划项目"异构交通主体群体智能协同行为仿真分析与评估"(2018YFB1600600)、国家自然科学基金项目"考虑人车路耦合的弯道车速预测模型及车辆主动控制研究"(51675390)的资助，是该项目的相关成果。

　　实验室研究生李浩然、曹永兴、李正磊、马进、彭威风、徐志豪、王如康、杨俊儒、乔鹏翔、赵晨阳等参与了部分章节的写作和全书校对，陆丽萍副教授对全书内容进行了审校，给出了很重要的修改意见，在此一并致谢。

　　希望本书对从事智能驾驶决策规划与控制的研究人员有所帮助。由于作者水平有限，书中难免有不妥之处，诚请各位专家和读者批评指正。

目　　录

第1章 绪 论

1.1 研究背景

当今世界正经历百年未有之大变局，新一轮科技革命和产业变革方兴未艾，智能驾驶技术已成为引领交通运载工具走向下一个时代的革命性技术，也是物联网、大数据、人工智能等新兴技术赋能汽车与交通行业的产物。智能驾驶技术作为智慧交通的最新发展方向，涉及汽车、交通基础设施、光电子信息等多个行业，可通过高度或完全的自动驾驶，部分或全部取代人类的驾驶活动，可极大地改善、甚至消除交通事故、交通拥堵等难题。2019年9月发布的《交通强国建设纲要》中明确要求，加强智能网联汽车(智能汽车、自动驾驶、车路协同)研发，形成自主可控完整的产业链。2020年2月，国家发改委联合科技部等11个部门，在《智能汽车创新发展战略》总体要求中指出，到2025年，中国标准智能汽车的技术创新、产业生态、基础设施、法规标准、产品监管和网络安全体系基本形成。实现有条件自动驾驶的智能汽车达到规模化生产，实现高度自动驾驶的智能汽车在特定环境下市场化应用。

政府和国家战略层面，从德国率先提出的"工业4.0"，到美国的"工业互联网"，再到我国力推的"中国制造2025"，均将智能网联汽车的产业化发展作为最核心的任务之一。2015年5月，在国务院发布的《中国制造2025》行动纲领中，明确指出对智能网联汽车实施分级发展，逐步推动智能网联汽车的自动化进程。同时，还特别强调了要利用信息技术推动传统汽车产业的转型升级，推动互联网技术(internet technology，IT)产业与汽车产业之间的交叉与优势互补。2015年10月，中国汽车工业协会正式提出将智能网联汽车定义为，搭载先进的车载传感器、控制器、执行器等装置，并融合现代通信与网络技术，实现车与X(人、车、路、云)智能信息交换共享，具备复杂的环境感知、智能决策、协同控制和执行等功能，可实现安全、舒适、节能、高效行驶，并最终可替代人来操作的新一代汽车[1]。

智能驾驶涵盖了以主动安全为导向的辅助驾驶和自动驾驶，并可实现汽车与所有交通要素之间的智能协作。智能网联汽车的应用范围非常广泛，包括各种先进的辅助驾驶、主动安全控制与联网信息服务功能，是未来智能交通系统的主要发展趋势之一。它可在提高交通安全、提高交通效率、促进节能环保等方面发挥重要的作用。

提高交通安全方面，前向碰撞预警、车道偏离预警、自适应巡航控制、自动紧急制动等先进驾驶辅助系统(advanced driving assistance system，ADAS)已经广泛应用于各类车型，通过在危险驾驶场景中进行驾驶员警示或汽车主动控制，有效弥补了极限驾驶工况下的人类驾驶能力局限，大大提高了行车安全性。显而易见，随着智能网联汽车所具备的环境感知能力、决策规划能力和运动控制能力的不断提高，其在避免交通事故方面的能力也会相应增强。从《中国制造2025》提出的发展目标来看，我国将通过完全自主驾驶级智能汽车减少80%的交通事故，基本消除交通死亡，可见智能网联汽车对于提高交通安全的强大支撑作用。

提高交通效率方面，智能网联汽车通过与移动智能终端、交通基础设施、交通管理中心之间的实时信息交互，大幅提高了交通信息采集的效率和精度，有助于实现在大范围内的交通信号协调控制、实时路径诱导、公交优先控制等智能化交通管控。美国的自动公路系统(automated highway system，AHS)和车联网(connected vehicle，CV)项目，日本的车载信息与通信系统(vehicle information and communication system，VICS)和 SmartWay 项目，欧盟 eSafety 计划和 DRIVE C2C 项目，以及我国"车路协同系统关键技术"项目的研究与示范应用，都充分地验证了车与车(vehicle to vehicle，V2V)、车与基础设施(vehicle to infrastructure，V2I)之间的互联互通，能够极大地突破现有交通信息采集方式在时效性、精确性等方面的瓶颈[2]。

因此，智能网联汽车将充分利用大数据、云计算、移动互联网等新一代信息技术，综合运用系统科学、知识挖掘、人工智能等理论和方法，以全面感知、深度融合、主动服务、科学决策为目标，通过建设实时、精确的动态交通信息环境，推动智能网联汽车朝着更安全、更高效、更环保、更舒适的方向发展。

1.2　发展现状

根据国际汽车工程师学会(The Society of Automotive Engineers，SAE)制定的汽车自动化水平分级标准(J3016)，将自动驾驶分为无自动化(L0)、驾驶辅助(L1)、部分自动化(L2)、有条件自动化(L3)、高度自动化(L4)和完全自动化(L5)共6个等级[3]，具体的分级标准见表1.1。

表1.1　国际汽车工程师学会的自动驾驶分级标准(J3016)

级别	名称	功能定义描述	驾驶动作的执行者	驾驶环境监测主体	驾驶权的接管主体	系统能力(驾驶模式)
L0	无自动化	即使在有预警或驾驶辅助系统的情况下，依然由人类驾驶员完成所有动态驾驶任务	人类驾驶员	人类驾驶员	人类驾驶员	不适用

续表

级别	名称	功能定义描述	驾驶动作的执行者	驾驶环境监测主体	驾驶权的接管主体	系统能力(驾驶模式)
L1	驾驶辅助	在人类驾驶员能完成所有其他的动态驾驶任务的前提下,利用驾驶环境信息,由转向或加减速辅助系统来执行特定驾驶操作	人类驾驶员和系统	人类驾驶员	人类驾驶员	某些驾驶模式
L2	部分自动化	在人类驾驶员能完成所有其他的动态驾驶任务的前提下,利用驾驶环境信息,由转向和加减速辅助系统来执行特定驾驶操作	系统	人类驾驶员	人类驾驶员	某些驾驶模式
L3	有条件自动化	在人类驾驶员能响应特定驾驶操作的干预请求的前提下,由自动驾驶系统执行所有动态驾驶任务	系统	系统	人类驾驶员	某些驾驶模式
L4	高度自动化	即使人类驾驶员不能响应特定驾驶操作的干预请求,自动驾驶系统也能执行所有动态驾驶任务	系统	系统	系统	某些驾驶模式
L5	完全自动化	在人类驾驶员管理的所有道路环境中,由自动驾驶系统全天候地完成所有的动态驾驶任务	系统	系统	系统	任何驾驶模式

如表 1.1 所示,动态驾驶任务主要包括执行层(转向、制动、加速、监测车辆与道路环境)和战术层(事件响应,换道、转弯、灯光使用等决策)的驾驶任务,但不包括战略层(目的地和路径的决策)的驾驶任务;驾驶模式是一种反映动态驾驶任务必要特征的驾驶工况(如高速公路巡航、低速交通拥堵等);干预请求是自动驾驶系统向人类驾驶员发出的提示,人类驾驶员应根据提示立即开始或继续执行相应的动态驾驶任务。

在《交通强国建设纲要》《智能汽车创新发展战略》等多项政策的指引下,我国的智能汽车正在加快融入智能交通体系架构。近年来,工信部已分别在浙江、上海、北京、重庆、武汉等地相继建立智能网联汽车示范区,着力发展基于宽带移动互联网的智慧交通和智能汽车应用示范,以此推动人工智能、移动通信等最新 IT 科技在汽车中的研发与应用。

从发展趋势来看,智能汽车主要朝着自动驾驶、车路协同(cooperative vehicle infrastructure,CVI)这两个方面发展。一方面,高度自动化的智能汽车正在向我们快速走来,而推动这个向前发展的重要力量来源于信息科技对汽车的革新,其中的人工智能主要推动汽车朝智能化方向发展,移动通信则推动汽车朝网联化方向发展。人工智能领域的机器人技术正在深刻影响着智能汽车的发展。信息融合、深度学习等一大批最新的人工智能方法用于智能汽车的感知和决策之中,现代控制理论中的模型预测控制、鲁棒控制等方法也使得智能汽车的运动控制更具可靠性。特别地,在近年来 Google AlphaGo 的强大推动下,基于深度神经网络的人工智能开始应用于智能汽车研发中。

1.2.1 汽车智能化发展现状

在汽车智能化方面,美国、欧洲、日本等国家和地区研究起步较早,很多汽车厂家与科研机构都进行了深入研究。其中,美国以创造应用环境为主,包括支持自动驾驶技术的研究、相关的法律政策的制定以及基础设施的建设。欧洲部分国家或地区依托历次框架计划项目对自动驾驶开展了长期持续的资助,开发了一系列试验车型(如 Cyber Cars 系列)。日本则发挥大型汽车企业的主体作用,积极推动智能汽车技术的应用。

美国是最早启动无人驾驶技术研究的国家之一。1960 年起,为改善汽车操纵性能,俄亥俄州立大学开始进行车辆侧向、纵向跟踪控制研究,为之后的无人驾驶技术研究打下了基础。1980 年,美国陆军与美国国防高级研究计划局(Defense Advanced Research Projects Agency,DARPA)组织开展地面自主车辆(autonomous land vehicle,ALV)项目,1984 年,卡内基·梅隆大学设计了世界上第一台真正的无人车 Navlab,次年,Navlab-V 完成了横穿美国东西部的无人驾驶试验,在这次试验中,Navlab-V 的平均时速为 102.3km/h,全程 98.2%为无人驾驶。1995 年,卡内基·梅隆大学[4]研发了基于 PALPH 视觉导航的 Navlab-5 系统,并进行了横穿美国的试验。全程 4587km,其中自主驾驶部分占 98.2%,最长自主驾驶距离为 111km,全程平均速度为 102.72km/h。1997 年,美国在圣迭戈到洛杉矶之间的 12~15km 州际公路上成功进行了自动公路系统的实车演示。此次公开演示试验采用 10 辆小轿车进行车辆车道自动保持、自动换道、车队编排,以及车车、车路通信等技术的验证。演示结束后一年,美国国会便通过《21 世纪交通平等法案》,开始组织实施智能车辆主动(intelligent vehicle initiative,IVI)计划[5]。

2004 年,由 DARPA 主办的第一届无人驾驶挑战赛在美国 Mojave 沙漠举行,卡内基·梅隆大学的 Sandstorm 无人车完成了 11.78km 的无人驾驶挑战,获得了第一届无人驾驶挑战赛的冠军。2005 年,第二届无人驾驶挑战赛将比赛场景由沙漠换为城市,对无人驾驶汽车功能的考验相较于第一届比赛有了较大的提升,该届比赛吸引了来自世界各地的 23 支车队参加,来自斯坦福大学的 Stanley 无人车以最短时间完成比赛,夺取了冠军。2007 年,第三届比赛在佐治亚空军基地举行,该次比赛包括 96km 的城市区域赛段,要求车队在 6 小时内完成比赛,并遵守相应的交通规则,最终,卡内基·梅隆大学的 Boss 无人车以均速 22.53km/h 的成绩获得了冠军。DARPA 无人驾驶挑战赛极大地促进了全世界范围内无人驾驶技术的发展,也让人们看到了无人驾驶技术在民用领域的巨大应用空间。在商业化领域,美国 Google、Tesla、Uber 等高科技公司致力于无人驾驶技术的商业化落地,

Google 公司从 2009 年开始启动无人驾驶汽车研发，并于 2010 年开始进行无人驾驶车辆测试，截至 2018 年，Google 无人驾驶测试里程已超过 1000 万英里(1 英里≈1.6093km)，2018 年 10 月，Google 旗下自动驾驶公司 Waymo 开始商业化运营，其在美国亚利桑那州投放的无人车为公众提供出租车服务。2015 年年初，Uber 公司与卡内基·梅隆大学在匹斯堡设立高等技术研发中心(Advanced Technologies Center，ATC)，开始进行自动驾驶汽车的研发，同年 5 月，Uber 的自动驾驶测试车正式在匹斯堡上路，截至 2019 年，Uber ATG 累计里程已达 500 万英里，其商业落地内容包括个人移动、外卖服务、货运服务等多个领域。Tesla 公司致力于打造 L2～L3 级自动驾驶汽车，与 Google 及 Uber 的技术方案不同，Tesla 的自动驾驶硬件方案不使用激光雷达，而是依靠声波雷达和光学相机作为感知元件，截至 2018 年 5 月，约有 15 万辆搭载自动驾驶系统的特斯拉汽车行驶在全球各地。美国无人车研究现状如图 1.1 所示。

(a) 卡内基·梅隆大学的Boss无人车

(b) 斯坦福大学的Stanley无人车

(c) Google无人车

(d) Uber无人车

图 1.1　美国无人车研究现状

在欧洲，无人驾驶领域的研究也开始得相对较早，其中以欧洲最高效率和前所未有的安全计划(program for European of highest efficiency and unprecedented safety，PROMETHEUS)最为著名。在 PROMETHEUS 计划下，迪克曼于 1994 年带领项目组研发出 VaMP 和 VITA-2 无人驾驶车，并在法国高速公路完成了超 1000km 的测试。意大利的帕尔马大学在 20 世纪就开始启动自动驾驶技术研究，2010 年，帕尔马大学的 Vislab 用两辆自动驾驶汽车，完成了从意大利到中国

13000km 的无人驾驶测试[6]，此外，牛津大学研制的无人驾驶车辆 WildCat 在无全球定位系统(global positioning system，GPS)的条件下，仅依靠激光雷达和相机监控路面情况、交通状态和障碍物，实现了崎岖山路上的自动驾驶和堵车绕道等功能。欧洲车厂如奔驰、大众等都很早布局自动驾驶技术，奥迪更是在 2017 年推出了搭载 L3 级自动驾驶方案的第四代奥迪 A8，成为全球首款 L3 级无人驾驶量产车型。从 2006 年开始，欧洲开始举办欧洲陆地机器人试验(The European land robot trial，ELROB)项目，ELROB 是欧洲最具有挑战性且持续时间最长的野外机器人和无人系统项目，它是一项严格的以研发为导向的试验，截至 2019 年，已成功举办十一届。欧洲无人车研究现状如图 1.2 所示。

(a) Vislab无人车　　　　　　　　　　　　　(b) WildCat无人车

图 1.2　欧洲无人车研究现状

我国于 20 世纪 80 年代开始对无人车的研究，"八五"期间，国防科技大学、北京理工大学等五家科研单位，联合研发了我国第一辆能够自动驾驶的测试样车(autonomous test bed-1，ATB-1)，国防科技大学在 1991 年研制出我国第一辆真正意义上的无人驾驶汽车，2011 年，国防科技大学自主研制的红旗 HQ3 无人车完成了长沙到武汉 286km 的高速无人驾驶试验。2015 年，清华大学猛狮智能驾驶研究团队研制出世界上首台智能驾驶公交车，并在河南郑开大道顺利完成开放城际道路环境下的运行。百度公司在无人车研发方面一直走在世界前列，截至 2019 年 7 月，百度 L4 级别自动驾驶城市道路测试历程已突破 2000000km，测试车辆达到 300 辆，数据位列全国第一。此外，百度联合中国第一汽车集团有限公司，完成了国内首条 L4 乘用车前装产线，目前已正式投产下线，首批量产 L4 级乘用车将在长沙进行出租车运营，实现了从规模测试，到前装生产线，再到落地运营的完整链条。中国无人车研究现状如图 1.3 所示。

国内对自动驾驶研发的重视与投入极大地促进了我国无人驾驶的技术发展，国家自然科学基金委员会主持举办的"智能车未来挑战赛"，已从 2009 年起成功举办了十届。陆军装备部、中国汽车工程研究院(重庆)、中国汽车技术研究中心(天津)也于近年来相继推出无人车赛事，吸引了国内外众多高校和企业参与，极大地

(a) 百度无人车　　　　　　　　　(b) 2019 i-VISTA无人车挑战赛备赛车队

图 1.3　中国无人车研究现状

促进了我国无人驾驶技术的发展。

　　综上所述,自动驾驶汽车集环境感知、行为决策、路径规划、自动控制等技术于一体,不仅具有较强的理论研究价值,而且具备广阔的市场应用前景。由于具备高度的自主行驶能力,自动驾驶不仅能够有效地将人类从繁重且充满危险性的驾驶任务中解脱出来,而且具有提高行车安全和道路通行效率、杜绝不良驾驶行为、改善行车环境的社会价值。

1.2.2　汽车网联化发展现状

　　以新的移动通信技术 LTE-V/5G 为代表的移动通信技术也在促使汽车进入车路协同的网联时代。通过汽车与所有交通要素之间的实时信息交互,强化了智能汽车对复杂交通环境的感知能力。VICS 综合运用先进的通信技术、自动控制技术与计算机技术,构建全时空、多模式信息环境,实现"人-车-路"之间信息共享。车路协同系统架构如图 1.4 所示。该试验平台通过出行者、智能车载单元和智能路侧单元之间实时、高效和双向的信息交互,为交通参与者提供全方位可靠的交通信息。

　　车路协同系统的基本功能及车路交互信息类型如图 1.5 所示。在技术上,车路协同平台综合感知、通信、计算、控制等技术,基于标准化通信协议,实现物理空间与信息空间中包括"车、交通、环境"等要素的相互映射,标准化交互与高效协同、利用云计算大数据能力,结合车辆主动安全控制和道路协同控制技术,解决系统性的资源优化与配置问题,有效提升道路交通系统的安全性和通行效率,改善交通环境,增加出行舒适度。

　　路侧端结合多源传感器采集的信息,基于标准化通信协议实现高性能信息共享、高实时性云计算、大数据分析、信息安全、交通信号控制等基础服务机制,实现交通控制与交通诱导协同优化技术、基于车路协同信息的集群诱导技术等。车辆获取的信息既有来自车载传感器(激光雷达、毫米波雷达、视频、GPS/BD 等)

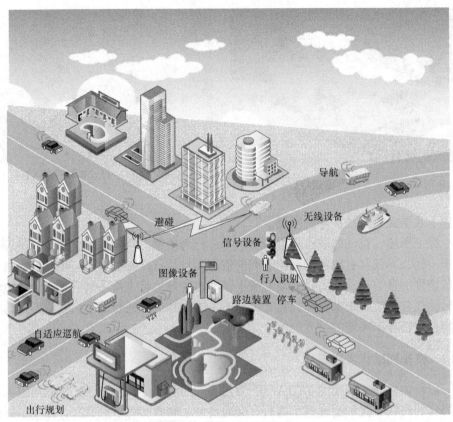

图 1.4　车路协同系统架构

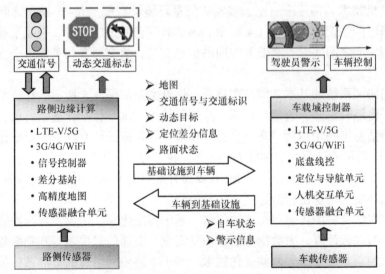

图 1.5　车路协同系统的基本功能及车路交互信息类型

的各种数据(自车的位置、状态,周边目标的位置、速度),也有来自外部传感器(路侧设备等)的数据,这些数据特征差异很大,需要在协同感知系统进行多传感器信息融合。车载域控制器经过智能判断,进行车辆控制或向驾驶员反馈辅助驾驶信息。

因此,近年来科研人员围绕智能交通系统体系下的车联网信息和数据,开展了一系列关于交通运营和管理方面的研究,并在基于 V2I 的交通信息采集和信号优化控制、基于 V2V 的车队管理等方面取得了较多研究成果。世界各国也在车路协同技术上投入了大量的人力、物力,取得了一系列进展和成果,如美国从 AHS 到车路协同在乘用车上的应用、日本从 VICS 到 SmartWay 项目、欧洲 eSafety 计划的实施、中国"863 计划"项目"车路协同系统关键技术"的研究与示范等。

美国于 1998 年开始组织实施 IVI 计划、协同式自动公路系统(cooperative automatic highway system, CAHS)及 VIC 计划的研究。2012 年开始,逐步在密歇根州、加利福尼亚州等建立了相应的车路协同测试平台。2014 年,美国交通运输部对外发表声明,决定推动车-车通信技术在轻型车上的应用,这标志着车路协同即将在美国展开大范围应用。2001 年,欧盟发表题为"欧盟交通政策 2010 年:由时间来决定"白皮书,提出到 2010 年道路死亡人数减少一半的宏伟目标。为实现这个目标,欧盟启动了 eSafety 计划。2004~2010 年,欧洲投入了大量的经费研究车路协同,解决了一系列车路协同系统关键技术,并先后推出了 PReVENT、SAFESPOT、CVIS、COOPERS 等项目。但欧洲对车路协同的研究并未就此止步,2011 年启动了面向 2020 年的 DRIVE C2C 项目,重点研究车-车通信环境下的交通安全技术及应用。1991 年,日本政府组织警察厅、通产省等部门,研发 VICS 系统并投入运行。1994 年,日本警察厅、运输省等五个部门联合成立日本道路交通车辆智能协会(Vehicle Road and Traffic Intelligence Society, VERTIS)。2001 年,日本开始安装使用电子不停车收费系统(electronic toll collection, ETC)。2004 年,日本提出了 SmartWay 项目。2011 年,以 SmartWay 研究为基础,ITS Sport System 在全日本高速公路上开始安装使用。VICS、VERTIS 和 ETC 是车路协同的初级阶段,从 SmartWay 项目开始,日本进入了车路协同系统研究的新阶段。

与国外发达国家相比,中国车路协同系统的研究起步较晚。20 世纪 80 年代初,中国逐步开始重视运用高科技来发展交通运输系统。2006 年,中国在"863 计划"中设立了现代交通技术领域。2010 年,中国确定车路协同为"十二五"发展的国家重大专项。2011 年,"车路协同系统关键技术"项目通过国家"863 计划"立项,项目由清华大学牵头,联合北京交通大学、同济大学、北京航空航天大学、东南大学、武汉大学、武汉理工大学、国家智能交通系统研究中心、中国汽车技术研究中心、长安汽车股份有限公司等共 10 家单位共同参与。该项目的设立,标志着中国启动了直接面向智能车路协同技术与系统的攻关工作。随后,与车路协同技术相关的物联网列入《国家"十二五"科学和技术发展规划》,促进了车路协同技术在中国的研究与发展。

2014 年 2 月 20 日,"智能车路协同关键技术研究"主题项目在河北清华发展研究院顺利通过验收,如图 1.6 所示。项目组在河北清华发展研究院及其附近试验场地演示了智能车路协同实施后的交通出行场景:10 辆安装了车路协同的"智能车",在"智能道路"上成功完成了车车协同换道、车车/车路协同避撞、车辆主动安全辅助、行人避撞、盲区预警、障碍物预警、紧急车辆信号优先、车队控制和速度引导、车队协同路口通行等 15 个典型应用场景。项目研究设计了以信息为核心、提供不同层次功能的五层平台和一个由支撑体系组成的车路协同总体方案和体系框架,对比目前的国家智能交通系统(intelligent transportation system, ITS),设计完成了车路协同用户服务定义、逻辑结构设计、物理结构设计和标准与协议规划。

图 1.6 我国首个车路协同系统实车验证平台

1.2.3 发展趋势

随着计算机视觉、激光雷达、毫米波雷达、高精度定位、信息融合等新技术和新装备的应用,智能网联汽车已取得了突破性进展。车辆辅助驾驶系统已经逐渐量产，这些辅助驾驶系统与日渐成熟的环境感知与决策规划技术相结合，必然会加速自主驾驶时代的到来。

1. 辅助驾驶

ADAS 是智能车辆发展的技术基础，也是当前的应用主力。自适应巡航控制(adaptive cruise control，ACC)、自动紧急刹车(autonomous emergency braking，AEB)、前向碰撞预警(forward collision warning，FCW)、车道偏离预警(lane departure warning，LDW)等，这些广泛应用的 ADAS 均能在某些驾驶任务中部分或全部代替人类，减轻驾驶人的驾驶操作负担。在 ADAS 中，车辆动力学控制历经几十年发展，已趋于成熟。而 ADAS 在向自主驾驶的转变过程中，迫切需要的是提高车辆对复杂环境和驾驶人状态的感知能力。因此，ADAS 的主要发展趋势还在于通过摄像头、激光雷达、毫米波雷达等车载传感器，利用模式识别和信息融合方法，对交通标志线自动识别及判断、周边障碍物和驾驶人状态等。ADAS 必将走向无人驾驶，这个时间"拐点"不管是在 2025 年，还是在 2040 年，都会出现有人驾驶与无人驾驶并存的一个过渡期。在这个过渡期，人们迫切需要让车辆更充分、更准确地理解人的行为特性，做到所谓的"人车合一"，这无疑对于行车安全至关重要。

2. 自主驾驶

自主驾驶是智能车辆发展的终极目标。目前，围绕自主驾驶的话题不仅在于该项技术的成熟度，也包括随之而来的安全监管与伦理道德问题。自主驾驶汽车引发的交通事故责任主体将由驾驶人转移至汽车本身，而问题在于汽车属于高度集成化的商品，它所涉及的企业不仅包括汽车制造商，还包括众多的零部件供应商。自主驾驶汽车的安全性问题不在个体程序部件，而在汽车系统的整合[7]，这些技术风险问题将会影响到未来交通事故定责和保险的发展。世界各国已开始关注自主驾驶汽车的相关政策和制度建设，并通过允许自主驾驶汽车的上路行驶来发现并解决它所可能带来的一系列问题，美国、德国、西班牙已相继为正在开发的自主驾驶汽车发放公路试验牌照。可见，我们在提升自主驾驶汽车技术性能的同时，还应出台相关政策为其创造试验条件，并重点关注自主驾驶汽车所可能带来的社会问题。

3. 协同驾驶

协同驾驶是自动驾驶发展的新阶段。它是在高可靠的无线通信基础上，完成多车的协同式自动驾驶。目前，协同式自动驾驶最有应用前景的领域是在物流运输中，利用多辆货车之间的列队控制，大幅提高货运安全性，还可提高道路资源利用率。此外，通过对车辆列队行驶的空气动力学分析，发现列队行驶还可以降低车辆所受阻力，进而降低油耗，达到节约能源的目的。美国于 20 世纪 90 年代提出协同式自适应巡航控制(cooperative adaptive cruise control，CACC)系统的原型。近年来，与 CACC 具有相似性的智能网联汽车，在物联网与云计算的推动下迅速发展起来，人们期待智能车辆不仅能够自主驾驶，还应同外界建立联系并实时共享信息。但从目前来看，智能网联汽车的推广亟待数据交换协议与标准的建立与健全。可以预见，协同式、高度自动化的智能网联汽车将成为未来智能交通系统中最为重要的环节。

1.3　技术概述

智能网联汽车系统软件的核心技术可分为感知(perception)、规划(planning)与控制(control)等三方面。智能网联汽车系统软件架构如图 1.7 所示。其中，感知模块通过从车载传感器与 V2X 获取的自身状态、环境信息进行融合，实现自车的环境感知(environmental perception)与高精定位(localization)；规划模块根据感知模块提供的环境信息与自车位姿，以及 V2X 获取的他车或路侧信息，实现路径规划(path planning)、行为规划(behavioral planning)与运动规划(motion planning)；控制模块根据规划模型提供的车辆行为与路迹预期，实时调节汽车的纵向(牵引与制动)与横向(转向)运动，实现车辆的轨迹跟踪(trajectory tracking)。

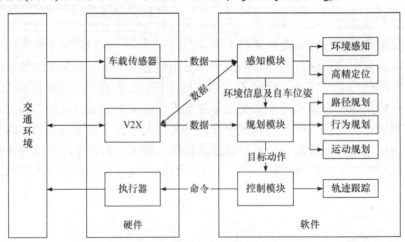

图 1.7　智能网联汽车系统软件架构

随着人工智能技术的兴起，传统上基于规则(rule-based)的自动驾驶方法不断受到挑战，特别是端到端(end-to-end)的自动驾驶方法近年来也引起了人们的高度关注。端到端方法不涉及感知、规划、控制等一系列中间过程的建模和规则设计，仅通过数据输入便可直接输出车辆控制命令，因此更为接近人类的驾驶过程，但其存在不可解释性、需要大量标注数据等缺点，当前仍处于研究阶段。端到端方法虽然还无法取代自动驾驶的全过程，但基于学习(learning-based)的思路为智能网联汽车的感知、规划与控制提供了新的发展方向。特别地，以学习控制为代表的智能控制方法，在智能网联汽车运动控制中的控制器参数调节、控制器结构调整、控制行为修正等方面取得了较好的应用效果。

本书主要针对单个车辆的智能驾驶、多个车辆的协同驾驶等问题，讨论智能网联汽车的决策规划与运动控制方法，重点介绍智能网联汽车的行为规划、运动规划、轨迹跟踪、系统测试等相关技术。

1.3.1 智能网联汽车决策规划方法

早期的自动驾驶汽车在本质上通常只是半自动的，因为它们的设计功能通常仅限于直行车道跟踪、自适应巡航控制和其他一些基本功能[8]。而 2007 年的 DARPA 城市挑战赛[9]证明了一个更全面的规划框架可以使自动驾驶汽车能够处理广泛的城市驾驶场景。

其胜出者 Boss、第二名 Junior、第三名 Odin，以及其他许多选手，采用了类似的三层的规划框架，包括任务规划、行为规划和动作规划。第四名 Talos 使用了一个带有导航器和一个运动规划器的两级规划器，但导航器基本上执行了任务规划和行为规划的任务[10]。任务规划器考虑高层级的目标，如分配、取/丢任务，以及决定应该选择哪些道路来完成驾驶任务。行为规划器做出临时决策，以正确地与其他智能体交互，并遵循规则限制，从而产生本地目标，如改变车道、超车或通过十字路口。运动规划器生成适当的路径或一系列行动来实现局部目标，最典型的目标是在达到目标区域的同时避免与障碍物发生碰撞。

1. 行为规划

行为规划又称行为决策，需要决定车辆的行驶决策，以确保车辆遵守道路规则，并以常规、安全的方式与其他智能体交互，同时沿着规划人员规定的路线逐步前进。这可以通过结合局部目标设定、虚拟障碍物放置、可驱动区域边界的调整和区域启发式成本调整来实现[11]。目前比较常用的方法有：有限状态机、混成自动机、决策树、强化学习、逆强化学习等，接下来将分别进行简单介绍。

在城市挑战赛中，大多数车辆通过不同复杂程度的有限状态机做出决策，以对特定的感知驾驶环境做出反应[12]。"优先观察者"(precedence observer)和"间隙观察者"(clearance observer)用于对检查状态转换所需的某些逻辑条件的功能进行分类。优先观察者检查与车辆当前位置相关的规则，以判断是否允许车辆前进。间隙观察者检查碰撞时间，即检测到的障碍物进入指定感兴趣区域的最短时间，以确保对其他交通参与者的安全间隙。

单个车辆行驶过程中往往存在加速、减速等模式,多车协同驾驶时存在跟车、变道等模式,这些模式的选择是离散的。同时,车辆的速度、位置等参数又随时间连续变化。同时存在离散行为和连续行为的车辆混成系统,可以使用混成自动机对其进行建模研究。混成自动机具有描述性、可组合性、抽象性等特点。

决策树是一种统计学中常用的分类方法,也是机器学习中常用的预测模型。在生成决策树时,首先要生成根节点,根节点是实例的一个特征。接着,使用实例对节点进行测试,根据不同的测试结果,将实例分配到各个子节点中并生成新的特征。经过多次重复测试与特征选择,最后到达叶节点。在车辆的行驶过程中,需要根据车辆的周边信息对转向灯、喇叭等装置进行控制。对于某一转向灯,其选择无非开和关,这样可以看作分类问题,可以使用决策树算法建立模型,从车辆的周边信息中提取特征,控制转向灯的开和关。

强化学习又称增强学习,是机器学习的一个子领域。其包括智能体(agent)、行动(action)、环境(environment)、状态(state)、奖励(reward)。强化学习的主要过程是智能体通过行动改变自身状态,与环境发生交互,并根据奖励衡量行动的好坏这一循环的过程。目前,比较经典的强化学习模型有马尔可夫决策过程(Markov decision process,MDP)、Q学习算法(Q-learning algorithm),以及深度Q网络(deep Q network,DQN)模型等。

当进行复杂的任务时,强化学习的回报函数很难指定,若希望有一种高效可靠的回报函数,可以采用逆强化学习算法,从人类专家提供的范例数据中反推出回报函数解决该问题。逆强化学习的主要过程是:预使机器做出与范例一致的行为,等价于在某个奖励的环境中求解最优策略,使得范例数据是最优的,然后即可使用这个奖赏函数来训练强化学习策略。

2. 运动规划

运动规划又称局部路径规划、二次规划,是一个非常广泛的研究领域,在移动机器人和操作臂、制造、医疗、应急响应、安全/监视、农业和交通等领域有着广泛的应用。

运动规划问题已经被证明具有很高的计算复杂度,特别是在高维环境下。例如,著名的钢琴搬运工的计划问题已经被证明属于PSPACE-hard问题[13]。此外,为了保证完整性,可能需要对所有可能的路径进行详尽的搜索,这使得许多方法在高维配置空间中陷入维数灾难。随着搜索空间维数的增加,检查是否存在障碍物点的难度越来越大。

运动规划背后的一个核心思想就是通过将连续空间模型转化为离散模型来克服这一挑战[14]。目前局部路径规划主要有基于曲线拟合的方法、基于采样搜索的方法、基于图搜索的方法和人工势场(artificial potential filed，APF)法等。

1) 基于曲线拟合的方法

曲线拟合的数学定义是指用连续曲线近似地刻画或比拟平面上一组离散点所表示的坐标之间的函数关系，是一种用解析表达式逼近离散数据的方法。科学和工程遇到的很多问题，往往只能通过诸如采样、试验等方法获得若干离散的数据，根据这些数据，如果能够找到一个连续的函数(也就是曲线)或者更加密集的离散方程，使得试验数据与方程的曲线能够在最大程度上近似吻合，就可以根据曲线方程对数据进行数学计算，对试验结果进行理论分析，甚至对某些不具备测量条件位置的结果进行估算。

基于曲线的拟合方法是按照车辆在某些特定条件(安全、快速、高效)下，进行路线的曲线拟合，常见的有贝塞尔曲线、多项式曲线、B 样条曲线等。使用基于曲线拟合的方法的优点是比较直观，可以更加准确地描述车辆所需满足的道路条件，规划出的轨迹也十分平坦、曲率变化连续并可进行约束。缺点是计算量较大，实时性不太好，并且难以找到最优的评价函数，未来的研究方向主要集中于简化算法以及更加完善的评价函数。

2) 基于采样搜索的方法

基于采样搜索的方法依赖于连续空间的随机采样，生成可行的轨迹图(也称为树或路线图)，通过节点和边的碰撞检查来验证其可行性，将这些节点连接起来。理想情况下，生成的路线图应该提供所有无障碍空间的良好覆盖和连接，然后使用路线图上的路径构建原始运动规划问题的解决方案。其中概率道路图法(probabilistic roadmap method，PRI)[15]和快速探索随机树(rapidly-exploring random tree，RRT)[16]是两种最具影响力的基于采样的算法，它们都是机器人研究的热门课题，并提出了许多变种。

PRI 是基于可用空间和占用空间的给定地图内可能路径的网络图，可以同时构建和维护多个图，在高维空间的规划中尤为有效[17]，其将路径规划分为两个阶段：学习阶段和查询阶段。RRT 以初始点作为根节点，以随机采样增加叶子节点的方式生成一个随机扩展树，当随机树上的叶子节点包含目标点或进入了目标区域，便可以在随机树上找到一条从初始点到目标点的路径。它适用于许多移动机器人的应用程序，由于存在动态障碍物且传感器覆盖范围有限，这些应用程序无法预先知道地图。

3) 基于图搜索的方法

图搜索是用于在图上进行一般性发现或显式地搜索的算法，依靠已知的环境地图以及地图中的障碍物信息构造从起点到终点的可行路径。根据搜索路径的不同，可以将图搜索的方法分为两种：广度优先搜索和深度优先搜索。基于图搜索的方法中较为常用的运动规划算法有 Dijkstra 算法和 A*算法等。

Dijkstra 算法是单源最短路算法，基于广度优先搜索以解决单源最短路径问题，通过计算初始点到自由空间内任何一点的最短距离可以得到全局最优路径。但是这样的方式使得计算时间和数据量都非常大，而且搜索的效率较低。

为了解决 Dijkstra 算法路径搜索效率低的问题，A*算法应运而生。A*算法是一种启发式寻路算法，通过增加一个启发函数，使路径搜索效率更高的同时，也可以找到一条最优路径。启发式搜索的原理是：从当前的搜索点向后选择下一搜索点时，可以通过启发函数选择代价较小的节点作为下一个搜索点。常见的计算方法有曼哈顿距离、对角距离和欧几里得距离。

4）人工势场法

人工势场法是局部路径规划中一种常用的方法，其原理可以用自然势场说明。以电势场为例，假设空间中存在一个正电荷，终点处存在一个带负电的电子，在库仑力的作用下，正电荷会向终点移动。而移动过程中存在障碍物，为了避免碰撞，给障碍物带上正电，在电场力的作用下，正电荷会自行地避开障碍物。人工势场法在获取到起始点、终点及障碍物的位置信息后，通过构建一个类似机制的人工势场来完成路径的规划。人工势场法的优点在于它其实是一种反馈控制策略，对控制和传感误差有一定的鲁棒性；缺点在于存在局部极小值问题，因此不能保证一定能找到问题的解。

1.3.2 智能网联汽车控制方法

智能网联汽车控制通过调整转向、加速或制动，以实现对运动规划结果的跟踪[11]。

1. 经典控制方法

经典控制方法是以传递函数为基础的一种控制方法，控制系统的分析与设计是建立在某种近似的和(或)试探的基础上的、控制对象一般是单输入单输出、线性定常系统。对多输入多输出系统、时变系统、非线性系统等，经典控制方法则无能为力。经典控制方法主要的分析方法有频率特性分析法、根轨迹分析法、描述函数法、相平面法波波夫法等。控制策略仅局限于反馈控制、比例-积分-微分(proportional-integral-derivative，PID)控制等，这种控制不能实现最优控制。

反馈控制是许多应用中最常见的控制器结构。反馈控制使用测量的系统响应，主动补偿任何偏离期望的行为。反馈控制可以减少参数变化的负面影响、建模误差，以及不必要的干扰。反馈控制也可以修改系统的瞬态行为以及测量噪声的影响。

经典反馈控制最常见的形式是 PID 控制器。PID 控制器是过程控制工业中应用最广泛的控制器。PID 控制器的概念相对简单，它不需要系统模型，控制基于

误差信号，即

$$u(t) = k_p e(t) + k_d \dot{e}(t) + k_i \int e(t) \mathrm{d}t \tag{1.1}$$

式中，k_p、k_i、k_d 分别为比例增益、积分增益、微分增益；$e(t)$ 为误差信号。

2. 现代控制方法

现代控制方法是建立在状态空间上的一种分析方法，它的数学模型主要是状态方程，控制系统的分析与设计是精确的。控制对象可以是单输入单输出控制系统，也可以是多输入多输出控制系统，可以是线性定常控制系统，也可以是非线性时变控制系统，可以是连续控制系统，也可以是离散或数字控制系统。因此，现代控制理论的应用范围更加广泛，主要的控制策略有极点配置、状态反馈、输出反馈等。由于现代控制理论的分析与设计方法的精确性，现代控制可以得到最优控制，但这些控制策略大多是建立在已知系统的基础之上的。严格来说，大部分控制系统是一个完全未知或部分未知系统，这里包括系统本身参数未知、系统状态未知两个方面，同时被控制对象还受外界干扰、环境变化等的因素影响。

自主系统需要运动模型来进行规划和预测。模型预测控制(model predictive control，MPC)是一种使用系统建模来优化前向时间范围的控制方法。模型预测控制方法可以将最优控制的性能与鲁棒控制的鲁棒性结合起来。通常，预测是在一定时间范围内进行的，这个时间范围称为预测范围。模型预测控制器的目标是计算这个预测范围上的最优解。该模型可以在线改变控制器，以适应不同的条件。

MPC 在工业过程控制应用中取得了巨大的成功，这主要是因为它的概念简单，并且能够处理具有输入约束和非线性的复杂过程模型[18]。此外还有其他特点，如设计多变量反馈控制器的简单性等。目前，MPC 已经应用于汽车控制领域，包括牵引力控制[19]、制动和转向[20]、车道保持[21]等。模型预测技术也被应用于轨迹跟踪问题[22]。

3. 智能控制方法

智能控制是一种能更好地模仿人类智能的、非传统的控制方法，它采用的理论方法主要来自自动控制理论、人工智能和运筹学等学科分支。内容包括最优控制、自适应控制、鲁棒控制、神经网络控制、模糊控制、仿人控制等。其控制对象可以是已知系统，也可以是未知系统，大多数的控制策略不仅能抑制外界干扰、环境变化参数变化的影响，还能有效地消除模型化误差的影响。

而实现智能控制的重要技术就是采用学习控制技术。学习控制是一个能在其运行过程中逐步获得环境和被控对象未知信息，经过积累控制经验，并在一定的评价标准下进行估值、分类、决策和不断改进系统品质的自动控制系统。它具有搜索、识别、记忆、推理、修改和优化等功能[23]。学习控制的关键是能否成功逼近系统的未知知识，而未知部分可能是系统参数或者描述系统的确定性或随机函数。在学习过程中，控制器获取了更多的信息，其控制规律也会随之改变。

目前，基于学习控制的智能控制算法已取得了相当多的成就，如自学习模糊算法、粒子群算法、人工神经网络、遗传算法等。这些算法在求解复杂非线性问题上展现了自身的独特魅力，广泛应用于机器人控制、工业生产等领域中。

粒子群算法源于对鸟群捕食行为的研究，其核心思想是利用群体中的个体对信息的共享，使整个群体的运动在问题求解空间中产生从无序到有序的演化过程，从而获得问题的最优解。算法初始化中一群初始粒子，通过迭代不断地向自身和其他粒子的历史信息进行学习，从而寻找最优解。

人工神经网络是人工智能领域的研究热点，它从信息处理角度对人脑神经元网络进行抽象，建立某种简单模型，按不同的连接方式组成不同的网络。人工神经网络具有很强的自学习能力、联想储存能力及高速寻找最优解能力，这些特性使其广泛应用于学习控制之中。

遗传算法是模拟达尔文生物进化论的自然选择和遗传学机理的生物进化过程的计算模型，可以自适应地调整搜索方向，具有快速寻找最优解的优点。首先需要实现从表现型到基因型的映射，即编码工作，一般采用二进制编码。初代种群产生之后，按照适者生存和优胜劣汰的原理，逐代演化产生出越来越好的近似解，在每一代，根据问题域中个体的适应度大小选择个体，并借助于自然遗传学的遗传算法进行组合交叉和变异，产生出代表新的解集的种群，最后对末代种群中的最优个体进行解码，作为问题的最优解。

1.4　本章小结

本章首先介绍了智能网联汽车的研究背景，指出其对于产业发展的意义；然后，从国内外的相关政策、技术动态出发，阐述了汽车在智能化与网联化这两大方向上的进展；最后，给出了智能网联汽车系统软件架构，重点介绍了决策规划、运动控制两方面的技术方法。

参 考 文 献

[1] 李克强. 智能网联汽车现状及发展战略建议. 经营者(汽车商业评论), 2006, (2): 170-175.
[2] 严新平, 吴超仲. 智能运输系统: 原理、方法及应用. 武汉: 武汉理工大学出版社, 2014.
[3] SAE On-Road Automated Vehicle Standards Committee. SAE J3016: Taxonomy and definitions for terms related to on-road motor vehicle automated driving systems, 2014.
[4] Pomerleau D, Jochem T. Image processor drives across America one of the first steps toward fully

autonomous vehicles. Photonics Spectra, 1996, 30(4): 80-86.

[5] Ozguner U, Baertlein B, Cavello C, et al. The OSU Demo'97 vehicle. IEEE Conference on Intelligent Transportation System, Boston: 1997.

[6] Bertozzi M, Bombini L, Broggi A, et al. VIAC: An out of ordinary experiment. IEEE Intelligent Vehicles Symposium, Baden, 2011.

[7] 翁岳暄. 汽车智能化的道路: 智能汽车、自动驾驶汽车安全监管研究. 科技与法律, 2014, (4): 24.

[8] Özgüner Ü. Autonomous Ground Vehicles. Boston: Artech House, 2011.

[9] Kammel S, Ziegler J, Pitzer B, et al. The DARPA urban challenge: Autonomous vehicles in city traffic. Germany Springer Tracts in Advanced Robotics, 2010, 56: 621-624.

[10] Leonard J, How J, Teller S, et al. A perception-driven autonomous urban vehicle. Journal of Field Robotics, 2009, 25(10): 727-774.

[11] Scott P, Hans A, Du X, et al. Perception, planning, control, and coordination for autonomous vehicles. Machines, 2017, 5(1): 6.

[12] Baker C R, Dolan J M. Traffic interaction in the urban challenge: Putting boss on its best behavior. IEEE/RSJ International Conference on Intelligent Robots and Systems, Nice, 2008.

[13] Reif J H. Complexity of the mover's problem and generalizations. 20th Annual Symposium on Foundations of Computer Science, San Juan, 1979.

[14] Cameron S, LaValle S M. A Tour de Force of Planning Planning Algorithms. Cambridge: Cambridge University Press, 2007.

[15] Kavraki L, Latombe J C. Randomized preprocessing of configuration for fast path planning. IEEE International Conference on Robotics & Automation, Hong Kong, 1994.

[16] Jr J, Lavalle S M. RRT-Connect: An efficient approach to single-query path planning. Proceedings of the 2000 IEEE International Conference on Robotics and Automation, San Francisco, 2000.

[17] Kavraki L E, Svestka P. Probabilistic roadmaps for path planning in high-dimensional configuration spaces. IEEE Transactions on Robotics & Automation, 1996, 12(4): 566-580.

[18] Mayne D Q. Model predictive control: Recent developments and future promise. Automatica, 2014, 50(12): 2967-2986.

[19] Falcone P, Borrelli F, Asgari J, et al. Predictive active steering control for autonomous vehicle systems. IEEE Transactions on Control Systems Technology, 2007, 15(3): 566-580.

[20] Liu C, Carvalho A, Schildbach G, et al. Stochastic predictive control for lane keeping assistance systems using a linear time-varying model. American Control Conference IEEE, Chicago, 2015.

[21] Salazar M, Alessandretti A, Aguiar A P, et al. An energy efficient trajectory tracking controller for car-like vehicles using model predictive control. IEEE Conference on Decision & Control, Las Vegas, 2016.

[22] 陈建安, 戴冠中, 徐乃平. 学习控制技术、方法和应用的发展新动向. 控制理论与应用, 1999, 16(1): 5.

[23] 王飞跃, 魏庆来. 智能控制: 从学习控制到平行控制. 控制理论与应用, 2018, 35(7): 939-948.

第2章 智能驾驶行为决策

2.1 概　　述

2.1.1 智能驾驶车辆行为决策定义

智能车辆行为决策是整个无人驾驶系统的中枢部分，智能车辆通过传感器得到周围环境信息后，通过基于规划或者人工智能的决策算法，选择适合当前交通环境之下的驾驶行为，并且满足车辆安全性能、遵守交通法规等原则。

当前，无人车行为决策的方法主要有两种，即基于规则的行为决策和基于学习的行为决策。基于规则的行为决策具有易于搭建和调整、实时性好、应用简单等优点，但是由于其难以适应所有场景，需要进行针对性地调整。基于学习的行为决策具有强大的数据训练集，可减小环境的不确定性因素带来的影响，但是需要大量的数据来进行训练，计算量大、实时性不高。

2.1.2 智能驾驶车辆行为决策设计准则

行为决策系统的上层是感知层，其上层输入包括以下内容。

(1) 局部环境信息，其基于相机、雷达等车载传感器，通过多传感器目标检测[1,2]与融合等技术[3]，处理各传感器数据，获取周边环境态势，输出关键环境信息供决策系统处理。

(2) 自车定位信息，其基于全球定位系统/惯性导航系统(global positioning system/inertial navigation system，GPS/INS)组合定位[4]、即时定位与地图构建(simultaneous localization and mapping，SLAM)[5,6]等方法，从而实现车辆高精度定位。

(3) 地理地图信息和任务信息，包括先验全局路径、道路高精地图、交通标志信息等。广义的决策系统的输出是运动控制信息。本章主要讨论狭义的行为决策系统，其下层是运动规划模块。行为决策系统的输出包括当前车辆行为、车辆运动局部目标点与目标车速等。

行为决策系统的目标是使智能车辆像熟练的驾驶员一样产生安全、合理的驾驶行为。其设计准则可总结为：良好的系统实时性，安全性最高优先级(具备紧急避障、故障检测等功能)，合理的行车效率优先级，结合用户需求的决策能力(支持用户对全局路径变更、安全和效率优先级变更等)及乘员的舒适性(车辆转向稳定性、平顺性等)。对于适合城市道路和高速公路工况的行为决策系统，设计准则[7]还包括右侧车道通行优先、保持车道优先、速度限制、符合交通标志及交通信号灯限制等。

2.2　基于规则的行为决策方法

基于规则的行为决策方法是最常用的，其主要思路是将智能车辆的运动行为进行划分，根据当前任务路线、交通环境、交通法规以及驾驶规则知识库等建立行为规则库,再对不同交通环境状态进行行为决策逻辑推理,从而输出驾驶员行为,同时，还须接受运动规划层对当前执行情况的反馈，并进行实时、动态的调整。

2.2.1　有限状态机

基于规则的行为决策方法中，最具代表性的是有限状态机，其因逻辑清晰、实用性强等特点得到广泛应用。有限状态机是一种离散输入输出系统的数学模型。它由有限个状态组成，当前状态接收事件，并产生相应的动作，引起状态的转移。状态、事件、转移、动作是有限状态机的四大要素[7]。有限状态机在智能车辆决策系统中的应用已较为成熟，DARPA 城市挑战赛中的各个参赛队使用的决策系统为其典型代表。

有限状态机的核心在于状态分解。根据状态分解的连接逻辑，将其分为串联式、并联式、混联式三种体系架构。其中，串联式结构的有限状态机系统，其子状态按照串联结构连接，状态转移大多为单向，不构成环路；并联式结构中各子状态输入、输出呈现多节点连接结构，根据不同输入信息，可直接进入不同子状态进行处理并提供输出[8]；如果一个有限状态机系统下的子状态中既存在串联递阶，又存在并联连接，则称这个系统具有混联结构。

1. 串联结构

Talos 无人车[9]行为决策系统结构如图 2.1 所示。该系统总体采用串联结构。

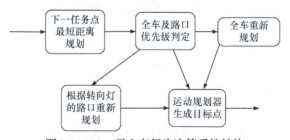

图 2.1　Talos 无人车行为决策系统结构

首先在下一任务点进行最短距离规划，通过全车及路口优先级判定，进行全车重新规划、路口重新规划以及运动规划器从而生成目标点。

串联式结构的优点是逻辑明确、规划推理能力强、问题求解精度高。其缺点在于对复杂问题的适应性差，某子状态发生故障会导致整个决策链的瘫痪。串联结构适用于某一工况的具体处理，擅长任务的层级推理与细分解决。

2. 并联结构

Junior 无人车[10]行为决策系统结构如图 2.2 所示，其具备典型的并联结构。该系统分为初始化、前向行驶、停止标志前等待、路口通过、U 形弯通过等 9 个子状态，各个子状态相互独立。

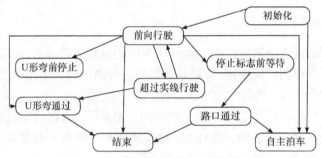

图 2.2   Junior 无人车行为决策系统结构

Junior 决策系统是并联划分子系统最多的系统之一，但在实际场景测试中，依然存在其有限状态机没有覆盖的工况，且对真实场景的辨识准确率较差。这说明单纯地应用并联式场景行为细分并不能提高场景遍历的深度，反而容易降低场景辨识准确率。

红旗 CA7460[7]行为决策系统结构如图 2.3 所示，具备典型的并联结构。该系统适用于高速公路工况，其决策系统划分为自由跟踪行车道、自由跟踪超车道、

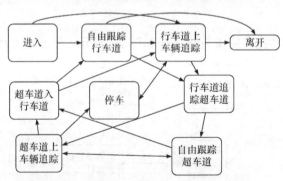

图 2.3   红旗 CA7460 行为决策系统结构

行车道追踪超车道、超车道入行车道等模式。红旗 CΛ7460 对车辆行驶的安全性指标和效率指标进行了衡量，根据交通状况和安全性指标选出满足条件的候选行为，再根据效率指标决策出最优行为。

相较于串联结构，并联结构的优点是具备场景遍历广度的优势，易于实现复杂的功能组合，具有较好的模块性与拓展性。缺点是系统不具备时序性，缺乏场景遍历的深度，决策易忽略细微环境变化，状态划分的灰色地带难以处理，从而导致决策错误[11]。

3. 混联结构

串、并联结构具备各自的局限性，混联式结构可较好地结合两者优点，层级式混联结构是比较典型的方法。

卡内基·梅隆大学与福特公司研发的 Boss 无人车[12]行为决策系统结构如图 2.4 所示，其具备典型的层级式混联结构。系统顶层基于场景行为划分，底层基于自车行为划分。三个顶层行为及其底层行为分别为：车道保持(车道选择、场景实时报告、距离保持、交通流融合等)、路口处理(优先级估计、转移管理等)和指定位置。

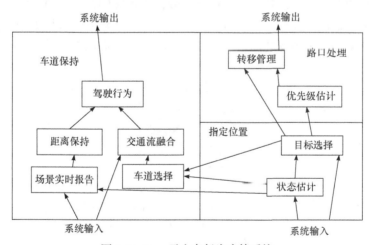

图 2.4　Boss 无人车行为决策系统

中国科学技术大学研发的智能驾驶Ⅱ号[13]行为决策系统结构如图 2.5 所示，其具备典型的混联结构。该系统进行了专家算法和机器学习算法的融合，顶层决策系统采用并联式有限状态机，分为路口预处理、U 形弯、自主泊车等模块。底层采用学习算法(ID3 决策树法)，以得出车辆的具体目标状态及目标动作。

这种层级处理的思想还衍生出各种具体的应用方法：①康奈尔大学的 Skynet 无人车[14]通过结合交通规则和周围环境，建立了三层规划系统，划分驾驶行为、

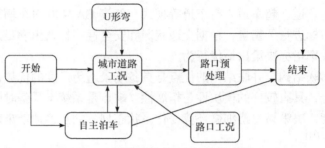

图 2.5　智能驾驶 Ⅱ 号行为决策系统

规划策略与底层操作控制，实现对车辆行为的决策处理；②清华大学的 THMR-V 无人车[15]采用分层式的体系结构，将系统分为协调级和执行级，通过协调级对环境和车辆状态进行局部规划，最高时速可达 100km/h。

2.2.2　混成状态机

1. 混成系统

混成系统是一种十分典型的复杂动态系统，从 1966 年被提出至今，已经经过了半个世纪的发展[16,17]，其研究的重点是分析该系统的控制逻辑，实现系统控制的精确性和稳定性。其数学建模方式比较独特，首先建立非线性的控制框架，但其数学特性又不同于纯粹的离散或连续的数学模型，如图 2.6 所示。

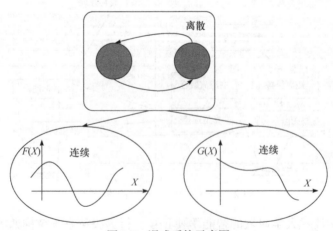

图 2.6　混成系统示意图

混成特性指的是系统中离散部分与连续部分存在耦合与互动的现象，并且几乎存在于每一个嵌入式系统中。首先，在上层抽象的协议层中，控制律往往是离散的，使其更加容易管理并处理复杂系统中的逻辑语言，实现一些定性的控制决策，而由于物理系统的自然规律，位于底层的控制层动力学模型往往是连续的。

其次，个体的反馈控制场景，由于其连续的输入输出特性，在其交互的过程中会体现出模块化的特性，故在进行多模块控制的过程中，自然而然地会从状态的视角来进行系统建模，出现状态量就意味着离散控制的产生。最后，每个应用于控制器设计的数字软硬件系统本质上都是一个离散系统，通过传感器与作动器，同连续物理环境进行交互。

目前，对混成系统进行建模和描述，根据其原理的不同，可以分为两类，即将离散行为描述嵌入连续变量动态系统(continuous variable dynamic system，CVDS)、将连续动态系统的模型嵌入离散事件动态系统(discrete event dynamic system，DEDS)。

DEDS 为应用比较广泛的混成系统建模方式，比较常见的有相位转换系统(phase transition system，PTS)模型、混成 Petri 网模型、混成自动机模型等[18]。而相位转换系统、混成自动机模型和混成 Petri 网模型总体上都是基于状态转换的思想，在处理复杂问题时，建模需要十分小心，因为过多的状态和切换规则可能导致状态溢出的现象，使整个控制系统崩溃。

基于CVDS的建模方法包括基于逻辑转换的切换系统模型和混成逻辑动态系统模型，也有与混成自动机类似的将线性系统与有限自动机结合的混成控制模型。

2. 混成自动机

1) 混成自动机的定义

一个混成自动机 H 通常被定义为一个多元组 $H=(Q, \text{Var}, \text{Con}, \text{Event}, \text{Edge}, \text{Act}, \text{Inv}, \text{Init})$，其中，$Q$ 为离散状态的有限集合，$Q=\{q_1, q_2, \cdots, q_n\}$，$q_i (i=1, 2, \cdots, n)$ 为各个的离散状态；$X=\{x_1, x_2, \cdots, x_n\}$ 为系统的连续状态向量；Con 为系统控制向量集，即系统中控制量的集合；Event 为状态切换事件，即触发系统触发状态变迁的事件集合；Edge 为状态切换过程，为切换事件定点与切换边的集合；Act 为系统的连续动态过程函数，表明系统连续部分的动态；Inv 为不同离散状态内连续系统的限制条件；Init 为系统初始条件。

2) 混成自动机建模可能出现的问题

从建模的角度来看混成系统，与之密切相关的问题主要有以下四点。

(1) 存在性。所建立的模型如果没有可行解，则进行实现或仿真时就会遇到问题。如果出现 Zeno 行为，则意味着更大的挑战。所以，如果建模的时候不是特别谨慎，则可能会出现错误的结果。

(2) 唯一性。不确定性会对系统造成复杂的影响，系统可能会面临出现多种可行方案的问题。针对这一问题，当系统需要在连续状态的演变和离散的变换之间做出选择的时候，通常采用在状态变换的同时，改变连续状态，或应用概率方法来解决不确定性问题。

(3) 不连续性。状态之间的不连续性是混成系统的一个固有属性，不论从理论上还是实际上，随时会导致系统发生问题，最常见的问题就是状态冲突。

(4) 可组织性。当模型涉及系统尺度较大时，如自动公路系统，整个系统可能由多个元素组合而成。在运行的过程中，可能还会有新的元素加入、退出，或改变其交互逻辑。因此，在建模时，需考虑基于面向对象的组织方式进行建模。

2.3　基于学习的行为决策方法

2.3.1　决策树算法

1966 年，Hunt 等[1]为了研究人类概念模型而提出概念学习系统，在此基础上诞生了决策树的概念，决策树是数据挖掘中的一种常用的分类方法。决策树由根节点、内部节点和叶节点三部分组成。每个内部节点代表一个属性测试，且每个分支代表一个测试输出。在决策树模型中，每个非叶子节点代表一个判断条件，每个叶子节点代表一个结论。在采用决策树进行行为决策时，通常每一个非叶子节点代表一个驾驶状态所对应的判断，每一个叶子节点代表一个驾驶行为，从根节点沿着其子节点直到一个叶子节点，代表选择一个驾驶行为的判断逻辑规则。

决策树算法包括 ID3 算法、C4.5 算法、CART 算法等。ID3 算法是目前决策树算法中比较有代表性、运用范围较广的一种算法，该算法的核心内容是根据信息增益的大小，来判断测试哪一个属性可以作为最佳的分类属性，其中最常用的两个概念是信息熵与信息增益(information gain，IG)。ID3 算法选取分类属性的依据是信息熵的下降速度。选择信息增益最大且未被用于划分训练样本数据的分类属性作为其内部节点，按给定分类属性的特征值构建分支，接着不断递归调用该算法，直到能对训练数据样本进行完全分类为止。一般地，构建 ID3 决策树时，会选择最能代表训练数据样本的分类属性作为测试属性。

1. 信息增益计算

S 代表训练样本集，其中含有 n 个不同属性取值，$C_i(i=1,2,\cdots,n)$ 代表 n 个 C_i 独立类。将 R_i 定义为样本集 S 中属于 C_i 类的子集，将 r_i 定义为子集 R_i 中的样本数量。样本集 S 在分类中的期望信息量定义为

$$I(r_1,r_2,r_3)=-\sum_{i=1}^{n}p_i\log_2 p_i \tag{2.1}$$

任意样本属于 C_i 的概率可以定义为 $p_i=r_i/S$。训练样本集 S 中的元祖数量用 $|S|$ 表示。设定 B 属性中包含 $\{b_1,b_2,\cdots,b_m\}$ 等 m 个不同取值，这些不同取值可以将

S 划分成 m 个不同的子集，S_k 代表 S 中属性为 B 且取值为 $b_k(k=1,2,\cdots,m)$ 的了集。当属性 B 成为条件属性时，B 包含的子集就会成为相应的不同分支。将 S_k 中属于类别 C_i 的样本数定义为 S_{ik}，则属性 B 对于 C_i 的熵定义为

$$E(B) = \sum_{k=1}^{i} \frac{S_{1k} + S_{2k} + \cdots + S_{nk}}{|S|} I(S_{1k}, S_{2k}, \cdots, S_{nk}) \tag{2.2}$$

式中，$\dfrac{S_{1k} + S_{2k} + \cdots + S_{nk}}{|S|}$ 为 S_k 的权重；$I(S_{1k}, S_{2k}, \cdots, S_{nk})$ 为属性 B 中的 m 个不同取值相对于 C_i 的比重；$|S|$ 为 S_k 中元祖的数量。

由上述两式可以得到信息增益 $\mathrm{Gain}(B) = I[(r_1, r_2, \cdots, r_n) - E(B)]$。

ID3 算法对所有分类属性的信息增益求解，从而获得信息增益最大的分类属性，并将其作为测试属性，基于此划分训练样本数据集，递归调用该算法分别得到相应的分支，最终得到决策树模型。

2. 有关联熵法

由于驾驶行为决策易受到外部交通环境因素的影响，从外部环境中提取与驾驶行为有关的影响因素作为分类属性，可以针对性地建立有效的驾驶行为决策模型。灰关联熵法是基于灰关联理论发展起来的，它是用信息熵定量描述参考列和比较列的相似度，量化处理指标，完成相关影响因素的排序。

分别将 $X_0^* = \begin{bmatrix} X_0^*(1) & X_0^*(2) & \cdots & X_0^*(j) \end{bmatrix}$ 定义为决策属性，$X_j^* = \begin{bmatrix} X_j^*(1) & X_j^*(2) \cdots X_j^*(n) \end{bmatrix}(j=1,2,\cdots,m)$ 定义为条件属性。首先对训练样本集进行初始化预处理操作，即

$$X_i(k) = \frac{X_i^*(k)}{\bar{X}_i^n} \tag{2.3}$$

无量纲的条件属性和决策属性分别为

$$X_j(k) = [X_j(1) \quad X_j(2) \quad \cdots \quad X_j(n)] \tag{2.4}$$

$$X_0 = [X_0(1) \quad X_0(2) \quad \cdots \quad X_0(n)] \tag{2.5}$$

令 α_{jk} 代表灰关联系数，α_{jk} 的计算公式为

$$\alpha_{jk} = \frac{\omega_{\min} + \beta\omega_{\max}}{|X_0(k) - X_j(k)| + \beta\omega_{\max}} \tag{2.6}$$

式中，β 为分辨系数，取值范围控制在 $(0,1)$ 之间，当 $\omega_{\max} < 3\omega$ 时，β 的取值范围控制在 $1.5\gamma \leqslant \beta \leqslant 2\gamma$ 之间，即

$$\omega = \frac{\sum\limits_{j=1}^{m}\sum\limits_{k=1}^{n}|X_0(k) - X_j(k)|}{m \times n} \tag{2.7}$$

式中，ω 为所有差值绝对值的均值。γ 为均值与最大差值的比值，即

$$\gamma = \frac{\omega}{\omega_{\max}} \tag{2.8}$$

联立上述公式可得出以 P_{jk} 为条件属性的灰关联熵，即

$$H_j = -\sum_{k=1}^{n} P_{jk} \log_2 P_{jk} \tag{2.9}$$

$$P_{jk} = \frac{\alpha_{jk}}{\sum\limits_{k=1}^{n} \alpha_{jk}} \tag{2.10}$$

将 P_{jk} 定义为灰关联系数分布映射，即

$$E_{jk} = \frac{H_{jk}}{H_m} \tag{2.11}$$

$$H_m = \log_2 n \tag{2.12}$$

式中，E_{jk} 为各个条件属性的灰关联熵；n 为条件属性的个数。

由此可以计算出不同条件属性与决策属性的灰关联熵。灰关联熵越大，则与之对应的条件属性与决策属性的关联性越强，并且其所对应的条件属性排名越靠前。

2.3.2　深度学习算法

深度学习算法是近年来发展十分迅速的研究领域，并且在人工智能的很多子领域都取得了巨大的成功。本节将对自动驾驶领域较为常见的几种神经网络进行介绍，包括前馈神经网络(feed forward neural network，FNN)和卷积神经网络。

1. 前馈神经网络

以神经元为节点来构建一个网络，不同的神经网络模型有着不同网络连接的拓扑结构，它的拓扑结构比较直接。前馈神经网络是最早发明的简单人工神经网络。

在前馈神经网络中，各神经元分别属于不同的层。每一层的神经元可以接收前一层神经元的信号，并产生信号输出到下一层。第 0 层叫输入层，最后一层叫输出层，其他中间层叫作隐藏层。整个网络中无反馈，信号从输入层向输出层单

向传播，可用一个有向无环图表示。

前馈神经网络的示例如图 2.7 所示。

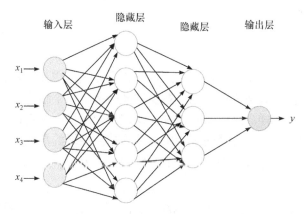

图 2.7　前馈神经网络的示例

用下面的符号来描述一个前馈神经网络(层数一般只考虑隐藏层和输出层)。

(1) L 表示神经网络的层数。

(2) m^l 表示第 l 层神经元的个数。

(3) $f_l(\cdot)$ 表示 l 层神经元的激活函数。

(4) W^l 表示 $l-1$ 层到第 l 层的权重矩阵。

(5) b^l 表示 $l-1$ 层到第 l 层的偏置。

(6) z^l 表示 l 层神经元的净输入(净活性值)。

(7) α^l 表示 l 层神经元的输出(活性值)。

前馈神经网络通过下面公式进行信息传播，即

$$z^l = W^l a^{l-1} + b^l \tag{2.13}$$

$$a^l = f_l(z^l) \tag{2.14}$$

也可以合并写为

$$z^l = W^l f_{l-1}(z^{l-1}) + b^l \tag{2.15}$$

$$a^l = f_l(W^l a^{l-1} + b^l) \tag{2.16}$$

这样，前馈神经网络可以通过逐层的信息传递，得到网络最后的输出 a^l。

整个网络可以看作是一个复合函数 $\phi(x; W, b)$，将向量 x 作为第 1 层的输入 a^0，将第 L 层的输出 a^L 作为整个函数的输出。

$$\boldsymbol{x} = a^0 \to z^1 \to a^1 \to z^2 \to \cdots \to a^{L-1} \to z^L \to a^L = \phi(x; W, b) \tag{2.17}$$

式中，W，b分别为网络中所有层的连接权重和偏置。

前馈神经网络具有很强的拟合能力，常见的连续非线性函数，都可以用前馈神经网络来近似。

2. 卷积神经网络

卷积神经网络一般是由卷积层、汇聚层和全连接层交叉堆叠而成的前馈神经网络，使用反向传播算法进行训练。卷积神经网络有三个结构上的特性：局部连接、权重共享及子采样。这些特性使得卷积神经网络具有一定程度上的平移、缩放和旋转不变性。和前馈神经网络相比，卷积神经网络的参数更少。

在全连接前馈神经网络中，如果第l层有n^l个神经元，第$l-1$层有n^{l-1}个神经元，连接边有$n^l \times n^{l-1}$个，也就是权重矩阵有$n^l \times n^{l-1}$个参数。当m和n都很大时，权重矩阵的参数非常多，训练的效率会非常低。如果采用卷积来代替全连接，第l层的净输入z^l为第$l-1$层活性值a^{l-1}和滤波器$W^l \in R^m$的卷积，即

$$z^l = W^l * a^{l-1} + b^l \tag{2.18}$$

式中，滤波器W^l为权重向量；b^l为偏置。

根据卷积的定义，卷积层有两个很重要的性质。

(1) 局部连接：在卷积层(假设是第l层)中的每一个神经元都只和下一层(第$l-1$层)中某个局部窗口内的神经元相连，构成一个局部连接网络。如图2.8所示，卷积层和下一层之间的连接数大大减少，由原来的$n^l \times n^{l-1}$个连接变为$n^l \times m$个连接，m为滤波器大小。

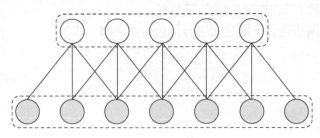

图 2.8　卷积层

(2) 权重共享：从式(2.18)中可以看出，作为参数的滤波器W^l对于第l层的所有的神经元都是相同的。从图 2.9 中可以看出，所有的同线型连接上的权重是相同的。

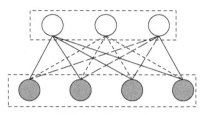

图 2.9　全连接层

由于局部连接和权重共享，卷积层的参数只有一个 m 维的权重 W^m 和 l 维的偏置 b^l，共 $m+1$ 个参数，参数个数和神经元的数量无关。此外，第 l 层的神经元个数不是任意选择的，而是满足 $n^l = n^{l-1} - m + 1$。

卷积层的作用是提取一个局部区域的特征，不同的卷积核相当于不同的特征提取器。卷积网络主要应用在图像处理上，而图像为二维结构，因此为了更充分地利用图像的局部信息，通常将神经元组织为三维结构的神经层，其大小为高度 M×宽度 N×深度 D，由 D 个 M×N 大小的特征映射(feature map)构成。特征映射为一幅图像(或其他特征映射)在经过卷积后提取到的特征，每个特征映射可以作为一类抽取的图像特征。为了卷积网络具有更好的表示能力，可以在每一层使用多个不同的特征映射，以更好地表示图像的特征。

汇聚层(pooling layer)也叫子采样层(subsampling layer)，其作用是进行特征选择，降低特征数量，从而减少参数数量。

卷积层虽然可以显著减少网络中连接的数量，但特征映射组中的神经元个数并没有显著减少。如果后面接一个分类器，由于分类器的输入维数依然很高，很容易出现过拟合。为了解决这个问题，可以在卷积层之后加上一个汇聚层，从而降低特征维数，避免过拟合。

常用的汇聚函数有如下两种。

(1) 最大汇聚(maximum pooling)：一般是取一个区域内所有神经元的最大值，即

$$Y_{m,n}^d = \max_{i \in R_{m,n}^d} x_i \tag{2.19}$$

式中，x_i 为区域 $R_{m,n}^d$ 内每个神经元的激活值。

(2) 平均汇聚(mean pooling)：一般是取区域内所有神经元的平均值，即

$$Y_{m,n}^d = \frac{1}{|R_{m,n}^d|} * \sum_{i \in R_{m,n}^d} x_i \tag{2.20}$$

对每一个输入特征映射 X^d 的 $M' \times N'$ 个区域进行子采样，得到汇聚层的输出特征映射 $Y_d = \{Y_{m,n}^d\}(1 \leqslant m \leqslant M', 1 \leqslant n \leqslant N')$。

目前，整个网络结构趋向于使用更小的卷积核(如 1×1 和 3×3)以及更深的结构(如层数大于 50)。此外，卷积的操作性越来越灵活(如不同的步长)，汇聚层的作用变得越来越小，因此在目前比较流行的卷积网络中，汇聚层的比例也逐渐降低，趋向于全卷积网络。

2.4　基于马尔可夫过程的决策方法

2.4.1　马尔可夫决策过程

马尔可夫决策过程(Markov decision process，MDP)是一套可以解决大部分强化学习问题的框架，它是一个序列决策问题[19]。马尔可夫决策过程由元祖(S，A，P，R，γ)来描述，其中 S 为有限的状态集，A 为有限的动作集，P 为状态转移概率，R 为回报函数，它表示智能体从一个状态 S 转移到另一个状态 S' 时能够获得的奖励的期望，γ 为折扣因子，用来计算累积回报。在马尔可夫决策过程中，当前状态包含了所有历史信息，即将来只和现在有关，与过去无关，因为现在状态包含了所有历史信息，只有满足这样条件的状态才叫作马尔可夫状态。马尔可夫决策过程的示意图如图 2.10 所示。

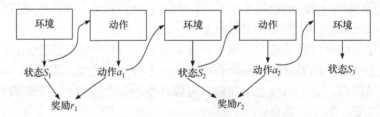

图 2.10　马尔可夫决策过程示意图

在一个回合中，当给定一个策略 π 时，其累积回报可表示为

$$G_t = R_{t+1} + \gamma R_{t+2} + \cdots = \sum_{k=0}^{\infty} \gamma^k R_{t+k+1} \tag{2.21}$$

式中，R_t 为 t 时刻的回报值。

由于策略 π 是随机的，那么累积回报也将是随机的，为了评价状态 S 的价值，在此引入状态值函数 $v_\pi(s)$ 以及状态-动作值函数 $q_\pi(s,a)$，即

$$v_\pi(s) = E_\pi \left[\sum_{k=0}^{\infty} \gamma^k R_{t+k+1} \mid S_t = s \right] \tag{2.22}$$

$$q_\pi(s,a) = E_\pi \left[\sum_{k=0}^{\infty} \gamma^k R_{t+k+1} \mid S_t = s, A_t = a \right] \tag{2.23}$$

计算状态值函数和状态-动作值函数的目的是构建学习算法, 算法能够从数据中得到最优策略, 每个策略对应着一个状态值函数, 最优策略也自然对应着最优状态值函数。那么对所有的状态 S, 若满足 $q_{\pi'}(s,a) \leqslant q_{\pi}(s,a)$, 则有 $\pi > \pi'$, 那么最优策略 π 应该满足公式, 即

$$q^*(s,a) = \max_{\pi} q_{\pi}(s,a) \tag{2.24}$$

根据贝尔曼方程以及最优策略的定义可得

$$v_{\pi}(s) = \sum \pi(a \mid s) \sum_{s',r'} p(s',r' \mid s,a)[r' + \gamma v_{\pi}(s')] \tag{2.25}$$

$$v^*(s) = \max_{a} \sum_{s',r'} p(s',r' \mid s,a)[r' + \gamma v^*(s')] \tag{2.26}$$

$$q_{\pi}(s,a) = \sum_{s',y'} p(s',r' \mid s,a)\left[r' + \gamma \sum_{a'} \pi(a' \mid s')q_{\pi}(s',a')\right] \tag{2.27}$$

$$q^*(s,a) = \sum_{s',r'} p(s',r' \mid s,a)[r' + \gamma \max_{a} q^*(s',a')] \tag{2.28}$$

2.4.2　强化学习算法

随着人工智能技术的飞速发展, 各种学习算法越来越多地应用于无人驾驶车辆的行为决策方面, 极大地推动了无人驾驶汽车的落地发展。基于强化学习算法的行为决策方法主要是利用各种学习算法来进行决策, 利用无人车配备的各种传感器, 来感知周边的环境信息, 传递给强化学习决策系统, 此时强化学习决策系统的作用就相当于人脑, 来对各类信息进行分析和处理, 并结合经验对无人驾驶汽车做出行为决策。

根据策略的更新和学习方法, 强化学习算法主要包括以下几种: 一是基于价值的方法, 如 Q-learning; 二是基于策略梯度的方法, 如 policy-gradient; 三是基于行为-评价模型方法, 如 actor-critic。基于价值的强化学习方法一般适应于状态空间较小、离散的动作场景, 它能够稳定地收敛, 有着较高的数据利用率; 而基于策略梯度的方法适应于较为复杂的场景, 它能够很好地处理连续动作空间下的问题; 基于行为-评价模型方法结合了以上两种方法, 其策略网络是基于策略梯度的方法进行选取动作, 而评价网络基于价值函数的方法来进行评价。

DQN(deep Q-learning network)算法是由 DeepMind 团队提出的一种深度强化学习算法, 它在传统的 Q-learning 算法的基础上引入神经网络结构, 通过将 Q-learning 算法用于存储动作、状态, 以及价值等信息的 Q-table 转化为函数拟合的问题, 来解决 Q-learning 算法无法处理高维连续的动作状态空间的问题, 神经网络通过更新参数 θ 可使得 Q 函数逼近最优值, 即

$$Q(s,a,\theta) \approx Q'(s,a) \tag{2.29}$$

DQN 算法的价值函数的更新方式可表示为

$$Q^*(s,a) = Q(s,a) + \alpha[r + \gamma \max_{a'} Q(s',a') - Q(s,a)] \tag{2.30}$$

其损失函数为

$$L(\theta) = E\{[y_i - Q(s,a;\theta)]^2\} \tag{2.31}$$

式中，y_i 为目标网络产生的目标 Q 值。

y_i 可表示为

$$y_i = r + \gamma \max_{a'} Q(s',a';\theta) \tag{2.32}$$

则神经网络参数 θ 关于损失函数的梯度，可以通过梯度下降法更新神经网络的参数，即

$$\frac{\partial L(\theta)}{\partial \theta} = E\left\{[y_i - Q(s,a;\theta)]\frac{\partial Q(s,a;\theta)}{\partial \theta}\right\} \tag{2.33}$$

Q-learning 中用来计算目标 Q 值和预测 Q 值的是同一个网络，所以在每次更新神经网络的时候，目标 Q 值也会跟着一块更新，这样就很容易导致算法不收敛。为了解决这个问题，DQN 算法在 Q-learning 算法的基础上，引入一个 Target-Q 网络，Q 网络用来评估当前动作状态下的值函数，Target-Q 网络用来计算损失函数。该目标网络与 Q 网络的结构一样，只是 Q 网络在每次迭代的时候都会更新，而 Target-Q 网络的权重需要每隔几步从 Q 网络获取权重来更新一次，这样就可以加速算法的收敛。

除了以上两个改进方法，DQN 算法还引入经验池的思想，其主要功能是为了解决训练数据的相关性和非静态分布的问题，具体做法为将每步所获得的状态、动作、价值，以及下一时刻的状态存储到记忆单元，等待训练的时候，随机地拿出一些来训练，这样就可以避免数据的相关性问题，从而简化了算法的调试和测试。

不同于 DQN 算法输出的 Q 值，policy-gradient 算法输出的是动作或动作的概率，该算法根据每个动作获得奖励值的大小来改变该动作出现的概率，其输出一般有两种形式：一种是输出某一动作的概率，即随机性策略；另一种是输出具体的某一动作，即确定性策略。policy-gradient 算法是一种基于回合更新的强化学习算法，定义其期望目标函数为

$$J(\theta) = E[R(\tau)] = \sum_\tau P(\tau;\pi_\theta)R(\tau) \tag{2.34}$$

式中，τ 为智能体的一条运动轨迹，可表示为 $\tau = \{s_0,a_0,s_1,a_1,\cdots,s_{T-1},a_{T-1}\}$；$P$ 为在策略 π_θ 下轨迹 τ 的概率，即

$$P(\tau;\pi_{\theta})=\prod_{t=0}^{T-1}P\left(s_t\left|s_{t-1},a_{t-1}\right.\right)\pi_{\theta}\left(a_{t-1}\left|s_{t-1}\right.\right) \tag{2.35}$$

对期望目标函数进行求导可得

$$\nabla_{\theta}J(\theta)=\nabla_{\theta}\sum_{\tau}P(\tau;\pi_{\theta})R(\tau)=\sum_{\tau}P(\tau,\pi_{\theta})\nabla_{\theta}\log P(\tau;\pi_{\theta})R(\tau) \tag{2.36}$$

$$\begin{aligned}\nabla_{\theta}\log P(\tau;\pi_{\theta})&=\nabla_{\theta}\log\prod_{t=0}^{T-1}P\left(s_t\left|s_{t-1},a_{t-1}\right.\right)\pi_{\theta}\left(a_{t-1}\left|s_{t-1}\right.\right)\\&=\sum_{t=0}^{T-1}\nabla_{\theta}\log\pi_{\theta}\left(a_{t-1},s_{t-1}\right)\end{aligned} \tag{2.37}$$

所以，$\nabla_{\theta}J(\theta)$ 可表示为

$$\nabla_{\theta}J(\theta)=E_{\tau}\left[\nabla_{\theta}\sum_{t=0}^{T-1}\log\pi\left(a_t\left|s_t\right.\right)R(\tau)\right] \tag{2.38}$$

完成神经网络参数 θ 的更新，即

$$\theta=\theta+\eta\nabla J(\theta) \tag{2.39}$$

actor-critic 算法结合了 policy-based 与 value-based 两种思想，其策略网络是基于 policy-based 的思想进行选取动作，而评价网络是基于 value-based 的方法来进行评价。对于策略网络，它通过获得奖惩信息来调节不同状态下采取各动作的概率，传统的 policy-gradient 算法需要走完整个流程才能获得奖惩信息。这使整个训练速度大大降低。而评价网络是一种基于 value-based 的算法，可以进行单步更新，获得每一步的奖惩值。那么两者相结合，actor 来选择动作，critic 来告诉 actor 它选择的动作是否合适。结合以上两种方法，通过 actor 网络迭代获得每个状态下采取动作的概率，critic 网络用来评价 actor 网络的好坏。该算法同时对值函数和策略函数进行学习，被称为执行器-评价器学习方法。其学习框架如图 2.11 所示。

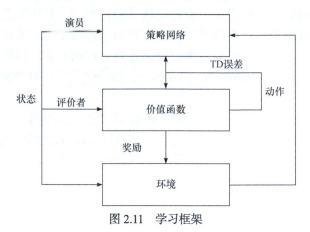

图 2.11　学习框架

actor-critic 网络更新可由下列式表示，其中式(2.40)为计算 t 时刻的 TD-error 值，式(2.41)为更新价值网络参数，式(2.42)为更新策略网络参数。

$$\delta = r_t(s_t, a_t) + v_\omega(s_{t+1}) - v_\omega(s_t) \tag{2.40}$$

$$\omega_{t+1} = \omega_t + \alpha\omega\delta_t\nabla_\omega v_\omega(s_t) \tag{2.41}$$

$$\theta_{t+1} = \theta_t + \alpha\theta\nabla_\theta\log\pi_\theta(a_t|s_t)\delta_t \tag{2.42}$$

式中，δ 为 t 时刻的 TD-error 值；ω_t 为 critic 网络的权值向量；θ_t 为 actor 网络的权值向量。

相比以值函数为中心的算法，actor-critic 应用策略梯度，这能让它在连续动作或者高维动作空间中选取合适的动作，而 Q-learning 做这件事会很困难甚至瘫痪。相比单纯策略梯度，actor-critic 应用 Q-learning 或其他策略评估，使得 actor-critic 能进行单步更新而不是回合更新，比单纯的 policy-gradient 的效率要高。

2.4.3 逆强化学习算法

奖励函数的设计是强化学习的关键，强化学习是对奖励函数进行预先设定之后，在学习过程中按照设定的奖励机制对自身进行不断的优化改进，以此来得到奖励最大值，从而输出最优决策的过程。然而强化学习中的奖励函数很多时候是凭人为经验选取的，这样的奖励函数具有很强的主观性和经验性，缺乏一定的科学依据。在面对像无人驾驶这样的复杂情况时，很难设定这样的奖励函数。无人驾驶汽车要考虑很多情况，如跟车、换道、超车、加速、减速、匝道有车辆驶入、进入匝道等情况，奖励函数可能会受到这些因素的综合影响。因此，奖励函数的选取问题也是需要攻克的难点。

人类在完成复杂的驾驶任务时，虽然没有考虑奖励函数。但是，这并不代表人类在完成驾驶任务时不存在奖励函数。其实人类在完成具体任务时存在一种隐形的奖励函数。假设人类专家在完成某项任务时，其决策是最优的或接近最优的，当所有的策略产生的累积奖励函数期望都低于专家策略产生的累积奖励函数期望时，强化学习所对应的奖励函数就是根据专家示例学到的奖励数。逆强化学习(inversere reinforcement learning，IRL)就是从已有专家示例中学习奖励函数。

基于特征的逆强化学习算法是从 Kehoe 等[20]提出的学徒学习算法演变而来的，是将成本函数(cost function)表示为一系列特征基函数的线性组合，通过算法调整权重系数，使得学习到的成本函数结果能够逼近各个状态下专家的成本函数值。

成本函数可表示为

$$c(s) = \sum_{k=1}^{k} \theta_k f_k(s) \tag{2.43}$$

式中，$f_k(s)$ 为有界特征基函数，该函数满足将状态 s 映射为 R 的过程，一般来说 $f = (f_1, f_2, \cdots, f_k)^{\mathrm{T}}$，其中 k 为特征基函数的个数；θ 为每个特征基函数的权值，可通过调节 θ 来改变成本函数值。使用该方法的逆强化学习算法，与强化学习中的奖励函数并不是一个概念，基于特征的逆强化学习算法的成本函数是通过调节特征权重来近似还原出专家驾驶策略的。在无人驾驶领域，由于需要在时间连续的情况下考虑连续的状态和动作。在给定的样本数据中，采用路径积分法。假设已有数据中专家的驾驶特征会最大化奖励，用成本函数来解释专家驾驶的特征，也就是说的专家驾驶轨迹是通过成本函数产生的。成本函数是特征基函数的线性组合，它是在相应状态时间上的累积。假设已知的一条专家驾驶的有穷轨迹为 $\zeta = \{s_1, s_2, \cdots, s_n, \cdots\}$。那么在每个状态的相应成本函数值为

$$c(s_i) = \theta^{\mathrm{T}} f(s_i)^* \tau(s_i), \quad s_i \in \zeta \tag{2.44}$$

式中，$\tau(s_i)$ 为访问状态 s_i 时的逗留时间。

对路径上的特征进行累加，得到轨迹的成本函数为

$$c(\zeta) = \sum_{s_i} c(s_i) = \sum_{s_i} \theta^{\mathrm{T}} f(s_i)^* \tau(s_i) \tag{2.45}$$

定义 F_ξ 为每条轨迹的特征向量，特征向量即对每个状态的特征向量在时间上积分，即

$$F_\xi = \sum_{s_i} f(s_i) \tau(s_i) \tag{2.46}$$

则成本函数值可表示为

$$c(\zeta) = \theta^{\mathrm{T}} F_\zeta \tag{2.47}$$

因此，逆强化学习主要研究的是成本函数中的特征权重系数，通过使用成本函数所产生的轨迹期望特征来近似专家驾驶特征。

2.5 典 型 案 例

中国科学技术大学研究团队针对驾驶场景的多变性和时变性，基于人类驾驶行为特性研究，提出了一种基于有限状态机的驾驶场景转换模型，并从实际工程应用中出发，通过研究驾驶过程中直接影响驾驶行为决策结果的相关条件属性，提出基于 ID3 决策树的驾驶行为决策建模方法[13]。该系统在基于规则的决策系统

设计中具有典型代表性。行为决策层示意图和行为决策子系统结构示意图分别如图 2.12 和图 2.13 所示。

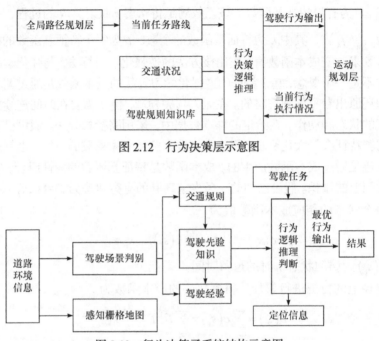

图 2.12　行为决策层示意图

图 2.13　行为决策子系统结构示意图

2.5.1　人类驾驶行为特性分析

能像驾驶员一样合理地应付各种交通场景，这就是无人驾驶车辆行为决策系统。这样一个完整的交通系统，是由"人-车-路-环境"所组成的闭环反馈系统。依据驾驶车辆过程的不同阶段可将驾驶员行为特性分为三个部分：感知行为特性、决策行为特性和操作行为特性。其中决策行为特性是核心部分，在驾驶过程的整个阶段中起着承上启下的协调作用。由此可见，对驾驶员驾驶行为的研究是构建驾驶行为决策系统的关键。

由于驾驶行为不仅受道路环境的影响，还受本车当前行驶状态、驾驶任务和驾驶员个性特征影响，因此驾驶行为决策过程是一个比较复杂的过程[21]。在路上正常行驶时，驾驶员首先需要依靠眼睛、耳朵等外部感觉器官去不断收集车道线、交通信号灯、限速标志、周围行人，以及路上其他车辆与自身的位置、速度关系等道路交通环境信息，并将这些多源信息传到大脑，以便进一步得到与行车任务相关的其他有用信息；接着根据大脑记忆区存储的驾驶经验和交通规则对所接收信息进行综合分析，决断出最合理的驾驶行为，然后将决断的结果转化为相应的驾驶动作，通过作用于手、脚等器官来改变行车方向和轨迹；最后车辆行驶状态的变化再次反馈给驾驶员，以便其继续做下一次决策和规划。

2.5.2 基于有限状态机的驾驶场景转换模型设计

"智能先锋Ⅱ"无人车针对城区环境下的驾驶场景状态集合分为路上(OnRoad)场景、预路口(PreInter)场景、路口(Inter)场景、区域(Zone)场景、U形转弯(Uturn)场景。

驾驶场景的状态转移出发事件大致包括以下几种。

A_1：基于车辆运动方向，车辆与下一个路口入口点的垂直距离大于 D(m)。

A_2：基于车辆运动方向，车辆距离下一个路口入口点的垂直距离大于 0(m)小于 D(m)。

A_3：基于车辆运动方向，车辆距离路口入口点的垂直距离小于 0(m)。

A_4：基于车辆运动反方向，车辆距离路口出口点的垂直距离大于 d(m)。

A_5：路网下一任务点属性为区域环境，且基于车辆运动方向，车辆与区域入口点距离小于 D(m)。

A_6：基于车辆运动反方向，车辆距离区域出口点垂直距离大于 d(m)。

A_7：路网下一任务点属性为 U 形转弯场景，且基于车辆运动方向，车辆与 U 形转弯入口点距离小于 D(m)。

A_8：基于车辆运动反方向，车辆距离 U 形转弯出口点垂直距离大于 d(m)且车头航向与下一段道路方向夹角小于 β。

基于上述事件的触发，使得驾驶场景发生状态的转换，以便采取正确恰当的驾驶行为。城市交通环境下驾驶场景的状态转换示意图如图 2.14 所示。

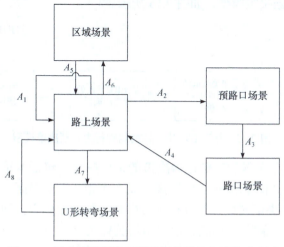

图 2.14 城市交通环境下驾驶场景的状态转换示意图

2.5.3 基于 ID3 决策树的驾驶行为决策方法

对于无人驾驶车辆来说，驾驶环境的复杂性和交通参与者行为的不可预知性等，使得无人驾驶任务极易受到不确定性因素的影响。更为确切地说，这些不确定性因素对于其行为决策系统是一个极大的挑战，但是它们的存在又正好体现了行为决策系统的价值。如何处理好这些不确定性因素，是行为决策系统要考虑的重要问题。

无人驾驶过程中，行为决策系统主要面临以下三种不确定性因素。

(1) 车载传感器特性及标定误差带来的不确定性。不同传感器的感知机理、感知范围以及相应的误差模式是不一样的，并且其在车上安装带来的标定误差，最终都会反映在感知信息的不确定性上。

(2) 环境感知系统数据处理延迟带来的不确定性。因为道路环境复杂，数据信息量大，这使得感知系统数据处理的计算量也大，而整个环境是时变的，这就必然导致数据信息的延迟，影响决策系统的正确判断。

(3) 环境建模误差带来的不确定性。一般来说整个驾驶任务是一个时间连续的过程，但是为了便于环境建模，通常需要将各种交通场景中的物体抽象为一个离散时间对象，这就带来了环境模型时空上的不确定性。

上述这些不确定性因素，最后会通过行为决策系统直接反映在无人车的行驶性能上。

针对这一问题，"智能先锋 II"无人车把决策树方法引入驾驶行为决策系统中，利用决策树在知识自动获取与准确表达方面所具有的优势，构建了基于 ID3 决策树的驾驶行为判断决策模型，如图 2.15 所示。

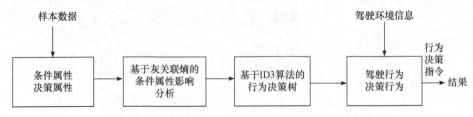

图 2.15　基于 ID3 决策树的驾驶行为判断决策模型

该模型确定无人驾驶车辆行为决策的条件属性，包括本车速度、加速度、车辆位置、距离其他车辆横/纵向距离、安全车距、车头时距、其他车车速、交通标志/信号等。决策属性从车辆行驶方向和行驶速度两个方面考虑，包括变换车道(左/右)、加速跟驰、车道保持(自由行驶)、减速跟驰、匀速跟驰等。U 形转弯场景作为一种基于驾驶任务的特殊驾驶行为考虑；然后采用灰关联熵法进行条件属性影响度排序，构建行为决策树，进而提取出对应的决策规则；最后根据实时获取的驾驶环境信息，基于产生式规则推理出合理的驾驶行为决策结果。

2.6　本章小结

本章介绍了智能车辆的行为决策方法，主要包括基于规则的行为决策方法，如有限状态机、混成状态机等，还包括基于学习的行为决策方法，如决策树、深度学习方法等。同时，还介绍了基于马尔可夫过程的决策方法，特别是强化学习与逆强化学习的具体算法实现过程。最后，给出了几个典型的无人车行为决策案例，这些案例采用了包括 ID3 决策树的驾驶行为决策方法。

参 考 文 献

[1] Hunt E B, Marin J, Stone P J. Experiments in induction. The American Journal of Psychology, 1966, 80(4): 5-15.

[2] Choi J, Ulbrich S, Lichte B, et al. Multi-target tracking using a 3D-Lidar sensor for autonomous vehicles. International IEEE Conference on Intelligent Transportation Systems, Hague, 2013.

[3] Cho H, Seo Y W, Kumar B V K V, et al. A multi-sensor fusion system for moving object detection and tracking in urban driving environments. IEEE International Conference on Robotics & Automation, Hong Kong, 2014.

[4] Davison A J. Future Mapping: The Computational Structure of Spatial AI Systems, 2018. arXiv: 1803.11288.

[5] Thrun S. Probabilistic robotics. Communications of the ACM, 2002, 45(3): 52-57.

[6] Zhang J, Singh S. LOAM: Lidar odometry and mapping in real-time. Robotics: Science and Systems Conference, Berkeley, 2014.

[7] 孙振平. 自主驾驶汽车智能控制系统. 长沙: 国防科技大学, 2004.

[8] Shalev-Shwartz S, Shammah S, Shashua A. Safe, Multi Agent, Reinforcement Learning for Autonomous Driving, 2016. arXiv: 1610.03295.

[9] Furda A, Vlacic L. Enabling safe autonomous driving in real-world city traffic using multiple criteria decision making. IEEE Intelligent Transportation Systems Magazine, 2011, 3(1): 4-17.

[10] Leonard J, How J, Teller S, et al. A perception-driven autonomous urban vehicle. Journal of Field Robotics, 2008, 25(10): 727-774.

[11] Montemerlo M, Becker J, Bhat S, et al. Junior: The Stanford entry in the urban challenge. Journal of Field Robotics, 2008, 7(9): 469-492.

[12] Urmson C, Anhalt J, Bagnell D, et al. Autonomous driving in urban environments: Boss and the urban challenge. Journal of Field Robotics, 2008, 25(8): 425-466.

[13] 杜明博. 基于人类驾驶行为的无人驾驶车辆行为决策与运动规划方法研究. 合肥: 中国科学技术大学, 2016.

[14] Miller I, Campbell M, Huttenlocher D, et al. Team Cornell's skynet: Robust perception and planning in an urban environment. Journal of Field Robotics, 2008, 25(8): 493-527.

[15] 张朋飞, 何克忠, 欧阳正柱, 等. 多功能室外智能移动机器人实验平台——THMR-V. 机器人, 2002, 24(2): 97-101.

[16] Witsenhausen H S. A class of hybrid-state continuous-time dynamic systems. IEEE Transactions on Automatic Control, 1966, 11(2): 161-167.

[17] Gollu A. Hybrid dynamical system. The 28th IEEE Conference on Decision and Control, Tampa, 1989.

[18] Alur R, Courcoubetis C, Henzinger T A, et al. Hybrid Automata: An Algorithmic Approach to the Specification and Verification of Hybrid Systems. Berlin: Springer-Verlag, 1993.

[19] Li X, Chen S, Hu X, et al. Understanding the disharmony between dropout and batch normalization by variance shift. 2019 IEEE/CVF Conference on Computer Vision and Pattern Recognition, Long Beach, 2020.

[20] Kehoe B, Patil S, Abbeel P, et al. A survey of research on cloud robotics and automation. IEEE Transactions on Automation Science & Engineering, 2015, 12(2): 398-409.

[21] 刘雁飞. 驾驶行为建模研究. 杭州: 浙江大学, 2007.

第 3 章　智能驾驶轨迹规划

3.1　概　　述

　　无人驾驶汽车运动规划是指在一定的环境模型基础上，给定无人驾驶汽车起始点和目标点后，按照性能指标规划出一条无碰撞、且满足车辆运动学约束的有效轨迹，并交由控制模块进行跟踪，运动规划算法性能决定了车辆的自动避障能力，对行驶安全性及舒适性有重要影响。

　　规划层的路径规划算法可以分为全局路径规划和局部路径规划两种。其中，全局路径规划首先需要获得车辆当前所在地的地图信息，然后再根据目标位置信息确定可行区域范围及最优路径；局部路径规划则是利用车辆的感知系统，对周围环境、道路及意外事故信息做判断后，利用规划算法生成无人车的最优行驶轨迹[1]。

　　经过研究学者的研究与改进，至今已有很多种规划算法，而每种算法都有各自的优缺点，常用的路径规划算法有人工势场法、A*算法和遗传算法、RRT算法、状态栅格(state lattice，SL)法等。

　　人工势场法是由 Khatib[2]提出来的一种路径规划方法，其基本原理是根据电荷间同性相斥、异性相吸的物理规律推演而来的。具体而言，人工势场法将机器人在场景中的运动看作是在虚拟力场中的受力运动，即目标物对机器人产生引力 F_a，障碍物或危险物对其产生斥力 F_1、F_2，机器人在合力 F 的作用下朝着目标物位置运动。人工势场原理图如图 3.1 所示。

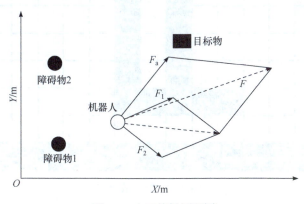

图 3.1　人工势场原理图

　　人工势场法的优点就是所生成的轨迹简单平滑，但是也存在容易陷入局部最优的缺点。针对人工势场法存在的缺点，也有许多的研究学者提出了改进方法。宋建辉等[3]针对人工势场法容易陷入局部极小值问题，提出了一种改进斥力方向和设计一个虚拟目标点以改变引力方向相结合的路径规划算法，结果表明改进后的算法较传统人工势场法不会再陷入局部最优问题。Abbas 等[4]指出，在使用人工势场法规划轨迹的时候，起始参考点如何选择是一个关键问题，起始参考点选择不恰当会导致尺寸较小的障碍物不能够发挥作用，但如果障碍物尺寸较大，车辆的参考点在躲开障碍物后会出现重新回到起始点的情况，为解决该问题，作者提出将目标点信息加入参考轨迹点的选择过程，并通过仿真试验验证了该方法。

　　A*算法是在静态路网中求解最短路径的一种最有效的直接搜索方法，并且是 Dijkstra 算法和 BFS 算法联合后的一种新算法，经取长补短后，由 Hart 等于1968 年提出。该算法首先利用栅格法构建地图，将周围环境信息划分成一系列栅格，然后在环境地图构建中，给所处环境建立二维坐标系，并对初始点、目标点、障碍物所在的栅格位置设定不同标志位，从而构造出一张环境状态栅格图，最终通过所设计的评价函数来进行最优路径分析，找出最优路径，其 A*算法效果如图 3.2 所示。其中黑色方格代表障碍物，1 号方格代表起始点，2 号方格代表终点，灰色阴影方格代表最终规划的轨迹。

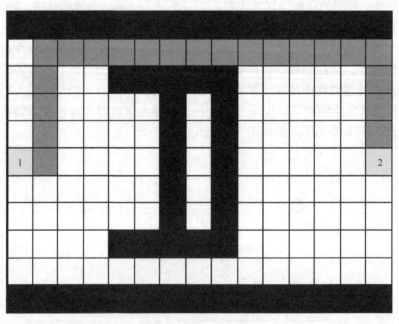

图 3.2　A*算法效果图

A*算法是一种启发式搜索算法，如何设计优秀的启发函数至关重要。A*算法的优点是鲁棒性好，缺点是在实际应用中容易忽略物体自身的体积大小。A*算法是移动机器人方面相关应用的基础算法，如 A*、ARA*(anytime repairing A*)、AD*(anytime D*)、Hybrid A*。混合 A*算法[5]和 A*算法[6]分别作为 DARPA Urban Junior 无人车和 AnnieWAY(KIT)中的路径规划算法。AD*更是被选择为 DARPA 城市挑战赛的获胜车辆 Boss 无人车路径规划层中的路径规划算法[7]。

1975 年，美国的 Holland 提出了遗传算法的基本概念，其基本原理是，首先对个体进行编码，然后再进行选择、交叉、变异等这些遗传操作，经过若干代的变异、选择后，最后输出的便是最优个体。遗传算法是一种可以和其他算法并行运算的算法，因此遗传算法最大的优点是易于与其他算法联合使用，发挥自身迭代计算的优势，但是计算量偏大，对计算机性能要求较高，同时也有早熟收敛现象和局部优化能力差的缺陷。

RRT 算法首先应用于移动机器人领域，它属于在线路径规划中的采样算法[8]。该算法可以在半结构化空间中快速生成初步轨迹，另外该算法还能够考虑非完整约束(如车辆的最大转弯半径和动量)[9]。在自动驾驶技术中，它已被麻省理工学院团队用于 DARPA 城市挑战赛[10]，然而，由此生成的轨迹并不是最优的，主要原因是轨迹的曲率并不连续。文献[8]对该算法的应用和改进进行了详细的介绍。

状态栅格法是一种基于图的路径搜索算法，使用具有状态网格(通常是超维度)的离散化规划区域表示。每一个栅格点的状态量一般有$[x, y, \theta, k]$四个参数，并且每个栅格点的状态量用弧长 s 和 l 表示，对于两个状态栅格点间的曲线，通常由三次多项式系数或者五次多项式系数确定，多项式系数的确定通常选择高斯-牛顿法或者最小二乘法求解得到，其约束条件是，令原预瞄点的状态量和由初始点计算得到的预瞄点状态量保持一致。Howard 等[11]将该算法应用到轮式移动机器人，并模拟出了全局规划和局部规划最好的结果。Mcnaughton 等[12]详细介绍了状态栅格法，提出了结构化道路的轨迹规划，不仅考虑一般状态，还对状态栅格点的状态量加入了时间和速度，即在一个动态环境中搜索路径时，考虑了时间和空间，保证了对路径规划的同时对速度也进行规划。

贝塞尔曲线，目前广泛用于 CAGD 应用、技术图纸、航空和汽车设计等领域，该曲线需要依赖控制点来决定生成轨迹的形状，贝塞尔曲线的核心是伯恩斯坦多项式(Bernstein polynomial)。贝塞尔曲线的优点是成本值低，这主要是因为曲线的形状是由控制点控制的，因此如何正确设计控制点就显得尤为重要，控制点的设计可以根据初始点和终止点的系统的状态参数确定[13]。其中三阶和四阶贝塞尔曲线应用在自动驾驶汽车中的路径规划层，规划了某些场景下(即转弯、环形道、车道变更、避障等)的最佳行驶轨迹，并取得了很好的效果[14,15]。

3.2　状态栅格法

状态栅格法使用一个含有状态量的栅格点来表示规划区域，因此该网格被称为路径规划搜索的状态栅格，该算法中的路径搜索允许车辆从初始状态栅格点移动到其他状态栅格点，通过求解目标函数可得出某一最佳路径。该算法已经成功应用在行星漫游车和室内轮式移动机器人中，也被成功应用到 2007 年 DARPA 城市挑战赛的车辆中。

使用该算法进行路径规划时，为了使生成的参考轨迹能直接输入控制器，需要知道车辆参数跟道路参数之间的关系，因此需要进行车辆运动学建模和道路建模，然后再生成轨迹，接下来重点介绍这三项内容。

3.2.1　车辆运动学建模

首先进行车辆运动学建模。本书只考虑车辆状态参数和道路位置的关系，车辆的运动学模型如图 3.3 所示，图中，OXY 表示大地坐标系，θ 表示车辆航向角，δ 表示前轮转角，l 表示轴距。

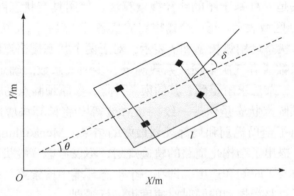

图 3.3　车辆运动学模型图

传统的运动学模型是从几何学的角度研究物体的运动规律，包括物体在空间的位置、速度等随时间的变化，使用状态栅格法需要对模型进行改变，选取车辆参数随行驶轨迹的矢量长度的变化关系。因此，本书对车辆的该变化关系的运动学微分方程进行推导，并选择四个车辆状态参数表示每个栅格点，即 $x = [x, y, \theta, k]$，微分方程可表示为

$$\begin{cases} \dfrac{\mathrm{d}x}{\mathrm{d}s} = \cos\big[\theta(s)\big] \\[2mm] \dfrac{\mathrm{d}y}{\mathrm{d}s} = \sin\big[\theta(s)\big] \\[2mm] \dfrac{\mathrm{d}\theta}{\mathrm{d}s} = k(s) \end{cases} \tag{3.1}$$

式中，x, y 为车辆后轴中心的坐标；θ 为车辆的航向角；k 为行驶轨迹的曲率；s 为行驶轨迹的弧长(初始点和预瞄点之间的矢量长度)。

3.2.2　道路建模

关于道路结构的建模，需要知道道路上每个轨迹点的曲率，以及车辆行驶轨迹的矢量长度，文献[16]建立道路 SL 坐标系如图 3.4 所示。

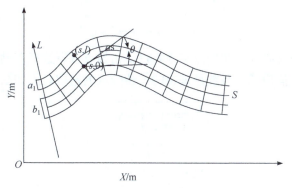

图 3.4　道路 SL 坐标系

图 3.4 中，S 轴表示沿道路中心线方向，L 轴则是垂直于道路中心线方向。因此，每一个沿道路中心线的栅格点可以表示为 $\begin{bmatrix} x(s) & y(s) & \theta(s) & k(s) \end{bmatrix}$。$x$ 表示车辆在大地坐标系的纵向位置；y 表示车辆在大地坐标系的横向位置；θ 表示车辆的航向角；k 表示栅格点沿道路中心线方向的曲率；$k = \dfrac{|x'y'' - x''y'|}{(x'^2 + y'^2)^{3/2}}$ 其中 $\begin{cases} x = x(t) \\ y = y(t) \end{cases}$，$t$ 表示时刻。

根据沿道路中心线上的栅格点计算道路上任意栅格点的坐标，设 $p(s,l)$ 表示 SL 坐标系中的任意栅格点，其表达式为

$$p(s,l) = \begin{bmatrix} x(s,l) & y(s,l) & \theta(s,l) & k(s,l) \end{bmatrix} \tag{3.2}$$

式中，

$$\begin{cases} x(s,l) = x(s) + l\cos\left[\theta(s) + \dfrac{\pi}{2}\right] \\[2mm] y(s,l) = y(s) + l\sin\left[\theta(s) + \dfrac{\pi}{2}\right] \\[2mm] \theta(s,l) = \theta(s) \\[2mm] k(s,l) = [k(s)^{-1} + l]^{-1} \end{cases}$$

式中，s 为沿 S 轴(沿道路中心线)方向的位移；l 为沿 L 轴方向的位移。

3.2.3　高斯牛顿法生成轨迹

为了保证轨迹的曲率连续，生成的轨迹平滑，且计算量小，选择三次多项式拟合曲线的形式生成轨迹，使用曲线的曲率作为因变量，沿 S 轴的弧长作为自变量，即

$$k(s) = a + bs + cs^2 + ds^3 \tag{3.3}$$

若要生成轨迹必须有初始点和预瞄点，初始点可以选择车辆当前位置，关于预瞄点的选择，假设感知系统是理想的，预瞄点的选取规则如图 3.5 所示。

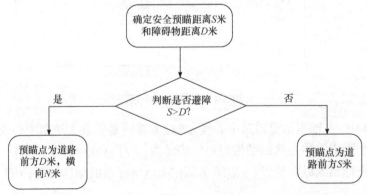

图 3.5　预瞄点的选取规则

图 3.5 中，安全预瞄距离 S 米是指沿道路中心线方向最远的规划距离；障碍物距离 D 米是指车辆沿道路中心线方向与障碍物的距离；横向 N 米是指预瞄点在 SL 坐标系中 L 轴方向 N 米，一般根据障碍物大小、车辆大小和偏移距离三者确定。

因为车身坐标系和道路坐标系之间可通过式(3.1)和式(3.2)进行转化，因此在轨迹生成的推导过程中使用车身坐标系，那么设定车辆的起始点为 $q_{\mathrm{init}} = \begin{bmatrix} x_i & y_i \\ \theta_i & k_i \end{bmatrix}$，预瞄点为 $q_{\mathrm{goal}} = \begin{bmatrix} x_g & y_g & \theta_g & k_g \end{bmatrix}$，轨迹初始点和预瞄点示意图如图 3.6

所示。

图 3.6　轨迹初始点和预瞄点示意图

由式(3.1)可知，每个栅格点的状态都可表示成曲率 k 的方程式，因此只要求得每个离散点的曲率，就能进一步计算出每个离散栅格点的其他状态量，所以现在问题转化为求解式(3.3)的多项式系数，不妨令

$$k(s) = a(p) + b(p)s + c(p)s^2 + d(p)s^3 \tag{3.4}$$

式中，a、b、c、d 用参数 p 表示，并令参数 $p = \begin{bmatrix} p_0 & p_1 & p_2 & p_3 & s_g \end{bmatrix}$，其中 $\begin{bmatrix} p_0 & p_1 & p_2 & p_3 & s_g \end{bmatrix}$ 均为未知量，s_g 是初始点到预瞄点间整条轨迹的矢量长度。$\begin{bmatrix} p_0 & p_1 & p_2 & p_3 \end{bmatrix}$ 可根据文献[17]的经验公式表示，即

$$\begin{cases} k(0) = p_0 \\ k(s_g/3) = p_1 \\ k(2s_g/3) = p_2 \\ k(s_g) = p_3 \end{cases} \tag{3.5}$$

将式(3.5)代入式(3.4)可得

$$\begin{cases} a(p) = p_0 \\ b(p) = -\dfrac{11p_0 - 18p_1 + 9p_2 - 2p_3}{2s_g} \\ c(p) = \dfrac{9(2p_0 - 5p_1 + 4p_2 - p_3)}{2s_g^2} \\ d(p) = -\dfrac{9(p_0 - 3p_1 + 3p_2 - p_3)}{2s_g^3} \end{cases} \tag{3.6}$$

在初始点处 $k(0) = p_0 = k_i$，在预瞄点处 $k(s_g) = p_3 = k_g$，而 k_i 和 k_g 均是已知的，所以对于 $p = \begin{bmatrix} p_0 & p_1 & p_2 & p_3 & s_g \end{bmatrix}$，现在只有三个未知量，即 $\hat{p} = \begin{bmatrix} p_1 & p_2 & s_g \end{bmatrix}$。所以现在轨迹生成的问题进一步转化为求解 $\hat{p} = \begin{bmatrix} p_1 & p_2 & s_g \end{bmatrix}$。

根据车辆运动学微分方程，可以利用初始栅格点计算预瞄栅格点处的状态量 $[x\,y\,\theta\,k]$，即

$$q_{\mathrm{init}}^{p}(s_{\mathrm{g}})=\begin{bmatrix} x_p(s_{\mathrm{g}}) & y_p(s_{\mathrm{g}}) & \theta_p(s_{\mathrm{g}}) & k_p(s_{\mathrm{g}}) \end{bmatrix} \tag{3.7}$$

式中，

$$\begin{cases} x_p(s_{\mathrm{g}}) = \displaystyle\int_0^{s_{\mathrm{g}}} \cos\big[\theta_p(s)\big]\mathrm{d}s \\[2mm] y_p(s_{\mathrm{g}}) = \displaystyle\int_0^{s_{\mathrm{g}}} \sin\big[\theta_p(s)\big]\mathrm{d}s \\[2mm] \theta_p(s_{\mathrm{g}}) = a(p)s_{\mathrm{g}} + \dfrac{1}{2}b(p)s_{\mathrm{g}}^2 + \dfrac{1}{3}c(p)s_{\mathrm{g}}^3 + \dfrac{1}{4}d(p)s_{\mathrm{g}}^4 \\[2mm] k_p(s_{\mathrm{g}}) = a(p) + b(p)s_{\mathrm{g}} + c(p)s_{\mathrm{g}}^2 + d(p)s_{\mathrm{g}}^3 \end{cases}$$

当 $q_{\mathrm{init}}^{p}(s_{\mathrm{g}})$ 与 q_{goal} 二者的每一个状态量相等时，可求解得到 $\hat{p}$，从而求解得到 $[a\,b\,c\,d]$，因此生成轨迹的问题转换为，求解 $\hat{p}$ 使得 $q_{\mathrm{init}}^{p}(s_{\mathrm{g}})$ 与 q_{goal} 之间的误差最小，即 $q_{\mathrm{goal}} - q_{\mathrm{init}}^{p}(s_{\mathrm{g}})$ 最小时 $\hat{p}$ 的值。

关于如何求解 $\hat{p}$，本书选择使用高斯-牛顿算法[18]进行求解。高斯-牛顿迭代法的基本原理是用非线性回归模型在初始值处用泰勒级数展开式去近似地代替原非线性模型，然后通过迭代修正回归系数，使回归系数不断逼近非线性回归模型的最佳回归系数，最后当原模型的残差平方和最小时，即可得到满足要求的回归系数。

高斯-牛顿迭代法的基本步骤如下。

(1) 初始值的选择。其方法有三种：一是根据先前的经验选定初始值；二是用分段法求出初始值；三是对于可线性化的非线性回归模型，通过线性变换，然后施行最小平方法求出初始值。

(2) 泰勒级数展开式。设某一非线性回归模型为

$$Y_i = f(x_i, r) + \varepsilon_i, \quad i = 1, 2, \cdots, n \tag{3.8}$$

式中，r 为待估回归系数，误差项 $\varepsilon \sim N(0, \sigma^2)$，设 $g^0 = [g_0^0\ g_1^0\ \cdots\ g_{p-1}^0]$ 为待估回归系数 r 的初始值。将式(3.8)在 g^0 点附近进行泰勒展开，并省略式(3.8)的二阶及二阶以上的偏导数项，得

$$f(x_i, r) = f(x_i, g^0) + \sum_{k=0}^{p-1} \left.\frac{\partial f(x_i, r)}{\partial r_k}\right|_{r=g^0} (r_k - g^0) \tag{3.9}$$

将式(3.9)代入式(3.8)并化简得

$$Y^0 \approx \sum D^0 \beta^0 + \varepsilon \tag{3.10}$$

式中，

$$Y^0 = \begin{bmatrix} Y_i - f(x_i, g^0) \\ \vdots \\ Y_n - f(x_n, g^0) \end{bmatrix}, \quad D^0 = \begin{bmatrix} D^0_{1,0} & \cdots & D^0_{1,p-1} \\ \vdots & & \vdots \\ D^0_{n,0} & \cdots & D^0_{n,p-1} \end{bmatrix}, \quad \beta^0 = \begin{bmatrix} \beta^0_0 \\ \vdots \\ \beta^0_{p-1} \end{bmatrix}$$

$$D^0_{i,k} = \left. \frac{\partial f(x_i, r)}{\partial r_k} \right|_{r=g^0}, \quad \beta^0_k = (r_k - g^0_k)$$

(3) 估计修正因子。用最小平方法对式(3.10)进行因子修正，并用 b^0 表示，其表达式为

$$b^0 = -[(D^0)^T D^0]^{-1} (D^0)^T Y^0 \tag{3.11}$$

设 g^i 为第一次迭代值，那么

$$g^i = g^0 + b^0 \tag{3.12}$$

(4) 精确度的检验。设残差平方和为

$$\mathrm{SSR}^s = \sum_{i=1}^{n} \left| Y_i - f(x_i, g^s) \right|^2 \tag{3.13}$$

式中，s 为重复迭代次数，对于给定的允许误差率 K，当满足式(3.14)时，停止迭代；否则，进行下一次迭代。

$$\left| \frac{\mathrm{SSR}^s - \mathrm{SSR}^{s-1}}{\mathrm{SSR}^s} \right| \leqslant K \tag{3.14}$$

(5) 重复迭代。重复迭代求解 b^0，当迭代 s 次时，修正因子为

$$b^s = -[(D^s)^T D^s]^{-1} [D^s]^T Y^s \tag{3.15}$$

那么第 $s+1$ 次迭代值为

$$g^{s+1} = g^s + b^s \tag{3.16}$$

用高斯-牛顿法流程图进行描述，如图 3.7 表示。

对于 $q^p_{\mathrm{init}}(s_g)$，其中 $\theta_p(s_g)$ 和 $k_p(s_g)$ 容易求得其对应的雅可比矩阵元素，而 $x_p(s_g)$、$y_p(s_g)$ 是关于 s_g 的积分形式，在求其对于 $\hat{p}$ 的雅可比矩阵时，若直接求取积分然后再求雅可比矩阵，存在计算量非常大的问题，会影响实时性。本书采取辛普森法则近似求解 $x_p(s_g)$、$y_p(s_g)$，优化求解过程，其中辛普森公式原型表达式为

$$\int_a^b f(x)\mathrm{d}x \approx \frac{h}{3}\left[f(x_0) + 2\sum_{j=1}^{\frac{n}{2}-1} f(x_{2j}) + 4\sum_{j=1}^{\frac{n}{2}} f(x_{2j-1}) + f(x_n)\right] \tag{3.17}$$

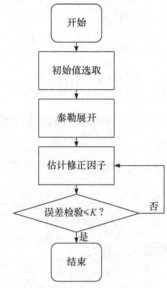

图 3.7　高斯-牛顿法流程图

式中，

$$\begin{cases} x_j = a + jh, \quad j = 0,1,2,\cdots,n-1,n \\ h = \dfrac{b-a}{n} \end{cases}$$

本书选取 $n=8$。

3.2.4　仿真验证

多障碍物路径规划初始场景如图 3.8 所示，仿真场景可描述为，在一段长度 60m，宽度 12m 的矩形场景中，以车辆初始点处为坐标原点建立坐标系，则车辆 (图 3.8 中正方形)初始位置(0,0)，目标点(60,0)，车辆正前方 10m 处、30m 处和 50m 处均有一静止障碍物(圆形)。通过多次选取预瞄点，生成局部轨迹，绕过障碍物。车辆大小设置为 5m×1.8m，障碍物大小设置为直径为 0.5m 的圆。

选择最远纵向预瞄距离为 10m，即沿道路前方 10m 的距离，横向预瞄距离需要考虑车辆大小及障碍物大小，本书选择横向预瞄距离 1.35m，根据仿真环境选取预瞄点(10,1.35,0,0),(20,0,0,0),(30,−1.35,0,0),(40,0,0,0),(50,1.35,0,0),(60,0,0,0)。

在多障碍物场景下的路径规划轨迹结果分别如图 3.9 和图 3.10 所示，当前时

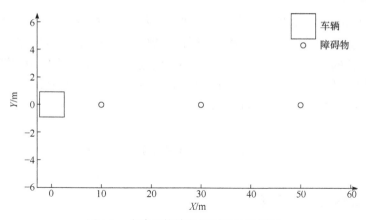

图 3.8　多障碍物路径规划初始场景图

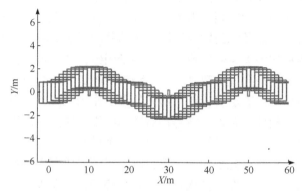

图 3.9　考虑车身大小的多障碍物轨迹规划图

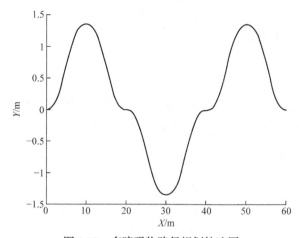

图 3.10　多障碍物路径规划轨迹图

刻规划层所规划的局部轨迹，表明车辆在按照轨迹行驶可以非常极限地安全绕过障碍物；图 3.10 表示所规划出的轨迹平滑，符合控制层所需的参考轨迹。通过 MATLAB 仿真，可以看出，使用状态栅格法规划出的轨迹，不仅平滑，而且实时性好，更重要的是由于控制层的输入是参考轨迹的$[X, Y, \theta]$，而使用该算法规划出的轨迹可以直接计算得到相应参考轨迹的$[X, Y, \theta]$，不需要进行转化，便可直接输出给控制器，大大减少了系统的计算量。

3.3　人工势场法

3.3.1　人工势场法基本原理

人工势场最早由 Khatib[2]提出来用于机器人领域的路径规划。人工势场的基本思想是将物所在的运行空间虚拟成一个有力存在的场地，物体在势场中的运动受到目标位置引力场以及障碍物附近斥力场的共同影响。具体方法是为目标点以及运行过程中遇到的各类障碍物建立一个势场函数，通过搜寻势场值变小的方向为被控对象规划出一条合适的轨迹。人工势场中的势场函数分为引力场函数和斥力场函数。引力场函数表示目标点对物体的吸引作用，离目标点越近，势场值越小。斥力场函数则相反，它表示障碍物对物体的排斥作用，离障碍物越近，势场值越大，在影响范围以外，势场值取 0 或者某个最小值。

由于人工势场在路径规划中的优势，以及车辆和机器人的相似性，人工势场被广泛应用于无人车的局部路径规划中。人工势场在用于无人车轨迹规划时需要注意以下两点：①行车环境是动态变化的，在动态环境下需要对势场函数进行调整；②在无人车轨迹规划时最好考虑车辆的运动学或者动力学特性，使得规划所得的轨迹更适合车辆跟随。

3.3.2　障碍物势场建模

车辆在行驶过程中碰到的静止障碍物主要包括两类：一类是可跨越的；另一类是不可跨越的，下面分别对这两类障碍物进行分析。

1. 不可跨越障碍物

车辆在行驶过程中碰到的不可跨越障碍物主要包括前方道路施工、滑落的大型石块等，这类障碍物与车辆的交互关系迫使车辆绕开行驶。根据这个交互关系，设计势场函数，在障碍物所在区域势场取最大值，在障碍物的前后两侧，根据距离来计算势场，距离越近势场越大，而且上升的趋势很快，于是本书采用一个常用于机器人避障领域的势场函数，其表达式为

$$U_{\text{obstacle\_nocross}} = A_{\text{obstacle\_nocross}} \left(\frac{1}{d_{\text{obs}}} \right)^2 \tag{3.18}$$

式中，$A_{\text{obstacle\_nocross}}$ 为不可跨越障碍物系数；d_{obs} 为距离障碍物前后两侧的距离。在障碍物的左右两侧选取一定的安全距离，势场值也取最大值。假设障碍物是一块矩形区域，位于 50m 处，不可跨越障碍物势场示意图如图 3.11 所示。

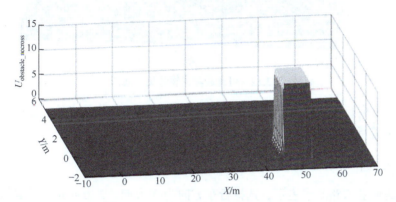

图 3.11　不可跨越障碍物势场示意图

2. 可跨越障碍物势场

车辆在行驶过程中遇到的可跨越障碍物主要包括路面的小型凹坑、路面积水、小型石块等，这些障碍物的特性是可以跨越的，与车辆的交互关系是尽量规避，只有当相邻车道有车辆导致没有绕开空间的时候才直接行驶过去。根据这个交互关系设计势场函数，在障碍物所在区域取最大值，但这个最大值要远远小于不可跨越障碍物设置的最大值。在障碍物四周还是根据距离来计算势场，于是本书采用类高斯函数[19]的形式表达式为

$$U_{\text{obstacle\_cross}} = A_{\text{obstacle\_cross}} \exp\left(-\frac{d_{\text{obs}}^2}{2\sigma_{\text{obs}}^2} \right) \tag{3.19}$$

式中，$A_{\text{obstacle\_cross}}$ 为可跨越障碍物势场系数；σ_{obs} 为影响范围系数；d_{obs} 为距离障碍物的距离。同样假设障碍物是一块矩形区域，在 50m 处，可跨越障碍物势场示意图如图 3.12 所示。

3.3.3　道路环境建模

本书研究无人车轨迹规划和跟踪的场景是在高速公路等结构化的道路上，需要建立合适的道路势场函数来约束车辆的行驶位置。道路环境因素可分为道路边界线(实线型)和车道线(虚线型)。道路环境与车辆的交互大致如下，车辆需要保持

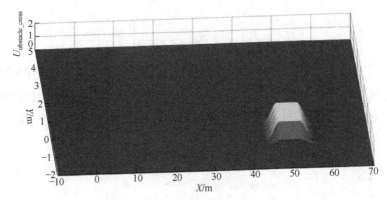

图 3.12 可跨越障碍物势场示意图

沿着车道方向行驶，并且道路边界是严格不能驶出的，除此之外，还应尽量在自身所在车道行驶，避免不必要的换道。

1. 直道和弯道

直线形的道路易于表示，选择行车方向为 X 方向，Y 方向是与车道线垂直的方向(车道分布的方向)，相对距离是影响道路势场分布的主要因素，在直线形道路下，距离可以根据车辆在 Y 方向上的坐标来求得。

在弯道上求解相对距离则比较麻烦，在已知弯道道路中心线的情况下，道路边界线上的点可以通过中心线上的点沿着法线方向上下平移半个车道宽度的距离，这样两边车道线就可以通过这些点表示出来，并且可以保证车道宽度一致。在求解车辆与车道相对距离的时候找到离车道线最近的点，得到两点间的距离即可。直道和弯道下的坐标系如图 3.13 所示。下面以直道为例，建立道路边界线和分道线的势场函数。

2. 道路边界线势场模型

车辆只能在道路边界线的范围内行驶，道路边界线的作用就是防止车辆驶出道路，是严格不可逾越的。因而被控车在靠近车道边界线时，势场值应迅速增大，在道路边界线达到最大值。道路边界线势场值在离道路边界越近的时候上升越快，防止车辆与之碰撞。根据这个特征，采用与不可跨越障碍物类似的势场函数，道路边界的具体势场函数形式表达式为

$$U_{\mathrm{road},j} = A_{\mathrm{road}} \left(\frac{1}{y - y_{\mathrm{road},j}} \right)^2 \tag{3.20}$$

式中，A_{road} 为道路边界势场系数；j 的取值为 1 或 2；$y_{\mathrm{road},j}$ 为第 j 条道路边界线的位置。

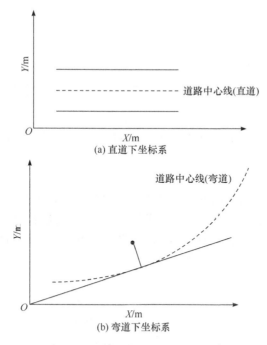

(a) 直道下坐标系

(b) 弯道下坐标系

图 3.13 直道下坐标系和弯道下坐标系

道路边界线势场的示意图如图 3.14(a)所示，选取的是一个三车道的直线形道路结构，各车道沿着 Y 轴分布，图中的两条道路边界线在 Y 方向的位置分别为 $Y=-1.5$ 和 $Y=7.5$，由灰色实线表示，三车道道路结构的分道线势场示意图如图 3.14(b)所示，设车道宽为 3m，则两条分道线在 Y 方向的位置分别为 $Y=1.5$m 和 $Y=4.5$m。三车道道路总势场示意图如图 3.14(c)所示。

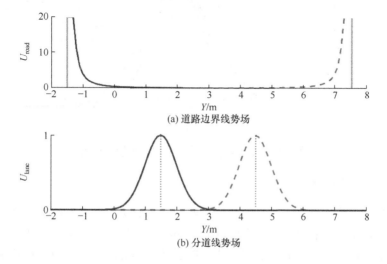

(a) 道路边界线势场

(b) 分道线势场

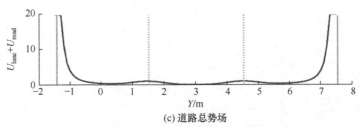

(c) 道路总势场

图 3.14　道路边界线势场、分道线势场、道路总势场示意图

3. 分道线势场模型

分道线势场的作用是确保车辆在当前车道内行驶，避免不必要的换道行为，所以在分道线位置势场取最大值，往两边逐渐减小。同时，分道线的势场应该足够小，以确保被控车在需要换道避障时能跨越。和可跨越障碍物一样，采用类高斯函数的形式来进行建模，其表达式为

$$U_{\text{lane},i} = A_{\text{lane}} \exp\left[-\frac{\left(y - y_{\text{lane},i}\right)^2}{2\sigma_{\text{lane}}^2}\right] \tag{3.21}$$

式中，A_{lane} 为分道线势场系数；$y_{\text{lane},i}$ 为第 i 条分道线在 Y 方向上的位置；σ_{lane} 为分道线势场的收敛系数，由车道宽度决定。

不同取值的 σ_{lane} 对应的车道线势场分布如图 3.15 所示。随着收敛系数的增加，势场的影响范围也在变广，收敛系数选取的原则是势场的影响范围能影响到道路中心线的位置，在道路中心线位置势场值应该是一个局部最小值。

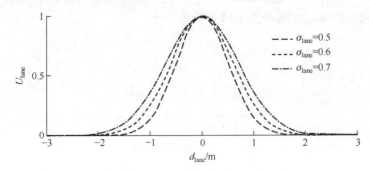

图 3.15　不同 σ_{lane} 对应的车道线势场示意图

3.3.4　车辆势场建模

从理论经验可知，环境车对被控车影响主要取决于两者的相对位置及相对速度。环境车与被控车的位置关系可以分为两种：被控车与环境车位于同一车道、被控车与环境车位于两个车道。当两者位于同一车道的时候，有直接影响的情况

是环境车在控制车前方，并且速度小于被控车，这时候被控车只能减速或者进行换道。当两者位于相邻两个车道时，主要当被控车进行换道时，环境车会对被控车有直接影响，防止换道过程中两者产生碰撞。

环境车势场的建立，主要保证被控车与其周围的环境车保持相对安全的距离，并且可以引导被控车从环境车后方换道。对环境车而言，附近区域的危险程度在纵横向上分布并不均匀，因此横向和纵向的势场分布也有很大的差异。一般情况下，在横向上，被控车可距其 1m 甚至更近，但在纵向上这个距离却非常危险。因此，车辆横纵向势场的影响范围不同。在横向上，势场值主要考虑相对距离；在纵向上，除相对距离因素外，环境车与被控车的速度也是影响环境车势场的一个重要因素。相对速度越大，环境车的势场需要影响到更远的距离，这是因为相对速度大，被控车需要更长的时间才能减速到跟环境车一致的速度，换道的距离也会变短。除了这些，车辆的类型差异对势场的分布也会有差异，大型的运输车与轿车相比，势场应该影响得更远一点。因此，应根据以上这些交互特性设计环境车势场函数。

借鉴文献[20]中建立车辆势场的方法，首先建立车辆的纵向势场，整体势场在纵向势场的基础上往横向延伸。为了完全性考虑，在车身前后增加一个安全区域，即在环境车后方增加一个三角形区域，在其前方增加一个矩形区域，这两个区域跟车身所在区域一样，也是被控车不可逾越的区域。目前，在车辆后方增加的安全区域[21,22]除了三角形外还有半圆形、椭圆形、抛物线形等，因为车辆势场以纵向往横向延伸的方式建立，三角形的安全区域在计算横向距离的时候比较方便，而且又可以满足功能需求，所以采用三角形的形式作为安全区域。以车尾中心为原点建立如图 3.16 所示的环境车的局部坐标系，对环境车纵向势场进行分析。

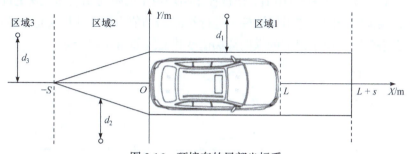

图 3.16　环境车的局部坐标系

车身所在区域，即 $x \in [0, L]$，纵向势场取最大值，表示为 A_{car}。车辆前方，即 $x \in [L, L+s]$，这个势场主要是为了防止相邻车道的环境车在换至本车道时与被控车过于靠近。距离 s 与当前车辆的速度相关，速度越快，距离应该相应增大，

所以 s 的计算公式表达式为

$$s = \rho V_e + S_{min} \tag{3.22}$$

在这个范围内的纵向势场值也取最大值 A_{car}，其中 V_e 为当前环境车的速度；ρ 为比例系数；S_{min} 为设定的最小安全距离。

车辆后方的纵向势场比较特殊，分两部分考虑。

第 1 部分，即 $x \in [-S,0]$，这部分的纵向势场值也取最大值，作为一个不可靠近的区域，S 的计算表达式为

$$S = \phi V_r + S_{min} \tag{3.23}$$

式中，V_r 为被控车与环境车的相对速度；ϕ 为比例系数。

第 2 部分，即 $x < -S$，当环境车的速度比被控车快，即相对速度小于 0 时，该势场为 0；当相对速度大于 0 时，势场值应该与到 $(-S, 0)$ 的距离成反比，距离越近势场值越大，这部分的纵向势场函数采用汤川势形式，如式(3.24)所示。Mcnaughton[16]证明了此函数在车辆势场建模中的适用性，这种形式的函数在远距离的时候，随着距离的减小上升比较平缓，近距离的时候则上升迅速，这种特性可以帮助后车在较远距离时维持安全距离，在比较近的距离引导车辆换道，符合环境车与被控车之间的交互关系，其表达式为

$$U_{car,\,long} = A_{car,\,long} \frac{e^{-\lambda K}}{K} \tag{3.24}$$

式中，$A_{car,\,long}$ 为纵向势场系数；K 为距离车辆三角形安全范围最右侧的距离；λ 为汤川势系数，决定势场影响的范围。在计算 K 之前，对被控车的横坐标进行一个转化，$x^* = x\tau$，其中 $\tau \in (0,1]$，使被控车与环境车的距离比实际上要更近一点，这样可以在很安全的距离引导被控车进行换道。τ 的值由相对速度决定，相对速度越大，τ 值越小。不同 τ 值下的纵向势场值变化曲线如图 3.17 所示。

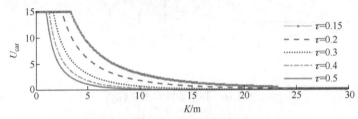

图 3.17　不同 τ 值下的纵向势场值变化曲线

关于不同相对速度及其对应的 τ 值见表 3.1。

表 3.1　相对速度与 τ 对应表

相对速度/(m/s)	τ
(0, 3]	0.8
(3, 6]	0.6
(6, 9]	0.3
>9	<0.2

由式(3.22)～式(3.24)可知，受相对速度、被控车速度的影响，纵向势场的影响范围符合之前环境车与被控车的交互关系。纵向势场建立完成后，环境车的整体势场可在其基础上往横向延伸，跟车道线势场一样，采用一个类高斯函数的形式进行计算。因此，环境车的总势场 U_{car} 计算表达式为

$$U_{\text{car}} = U_{\text{car, long}} \exp\left(\frac{-d^2}{2\sigma_{\text{car}}^2}\right) \tag{3.25}$$

式中，σ_{car} 为环境车势场的收敛系数，决定了环境车势场在横向上的影响范围，根据车道宽来决定，要保证不能影响相邻车道的行车情况，也要保证不能让其他车辆驶入自身所在车道；d 为横向距离，如图 3.16 所示，当计算点处于区域 1、2、3 时，d 值分别取 d_1、d_2、d_3。

最后考虑车辆类型的差异，在高速公路上的车辆类型主要可分为小型车、中型车、大型车三类。本书进行简化，主要考虑大型车和小型车的差异，小型车以轿车、面包车、吉普车等为主，车长小于等于 5m，大型车以大型货运车或者大型客运车为主，车长大于 8m。大型车相比小型车来说更加危险，对于前方遇到的大型车尽量换道超车，如果只能跟车，那么跟车距离相比小型车要更远一些。因此，针对大型车，增加纵向势场中 S、s 的大小，即增加系数 ρ、ϕ、S_{min} 的取值，使得同样相对速度下，大型车的后方势场影响范围要更远一些。关于增加势场的范围，根据大型车的质量与小型车质量的比值确定。小型环境车周围势场的分布示意图如图 3.18 所示，该环境车在坐标(50, 0)点处，与被控车之间的相对速度为 3m/s。

3.3.5　目标点势场建模

车辆需要沿着车道往前行驶，因此可以把车辆前方作为目标点。目标点势场的作用是保证被控车朝车道前方行驶，即车辆前方的势场值要低于后方的势场值，势场点离被控车越远，势场值就越小，势场值与该距离成反比，所以采用简单的一次函数作为目标点势场函数，还要保证势场值是非负的，具体表达式为

$$U_{\text{goal}} = \varepsilon - k(x - x_{\text{car}}) \tag{3.26}$$

式中，ε 为正的势场常数；k 为目标点势场的系数。目标点势场可使被控车保持向

前行驶的趋势。

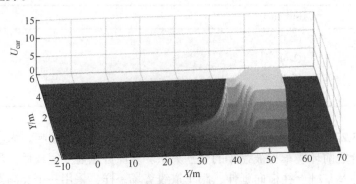

图 3.18　小型环境车周围势场分布示意图

3.3.6　基于模型预测的局部路径规划与跟踪

根据上述人工势场函数设计，本节结合模型预测控制，进行路径规划与跟踪的耦合设计，模型预测控制的相关介绍详见第 4 章，这一节主要介绍车辆动力学建模，以及根据轨迹规划与跟踪问题建立合适的目标函数和约束条件。

1. 单轨车辆动力学模型建模

本书选择单轨模型来进行车辆动力学建模，车辆模型示意图如图 3.19 所示。

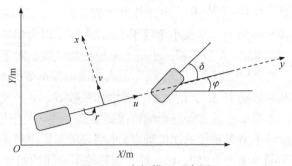

图 3.19　车辆模型示意图

建立的车辆数学模型表达式为

$$\begin{cases} ma_x = \sum F_x \\ m(\dot{v} + ur) = \sum F_y \\ I_z \dot{r} = \sum M_z \\ \dot{\varphi} = r \\ \dot{X} = u\cos\varphi - v\sin\varphi \\ \dot{Y} = u\sin\varphi + v\cos\varphi \end{cases} \tag{3.27}$$

式中，前三个公式表示车辆质心在 x、y、z 轴上的受力平衡方程；第四个公式表示横摆角速度；最后两个公式表示车身坐标系与大地坐标系的转换关系。其中，m 为车辆质量；u、v、r 分别为其纵向速度、横向速度与横摆角速度；I_z 表示车辆绕 z 轴的转动惯量；$\sum F_x$、$\sum F_y$、$\sum M_z$ 分别为车辆所受的纵向力、横向力、横摆力矩；X、Y 为车辆在大地坐标系下的位置；φ 为车辆的横摆角；图 3.19 中 δ 为前轮转角；a_x 为车辆的纵向加速度。

假设车辆为前轮转向，并且考虑到车辆的前轮转角比较小，即 $\sin\delta = 0$，$\cos\delta = 1$，这样横向力和横摆力矩的计算表达式可以简化为

$$\sum F_y = F_{cf} + F_{cr} \tag{3.28}$$

$$\sum M_z = aF_{cf} - bF_{cr} \tag{3.29}$$

式中，F_{cf}、F_{cr} 分别为前后轮受到的侧向力；a、b 分别为前、后轴距。轮胎的纵向力和侧向力可分别表示为以轮胎侧偏角、滑移率、路面附着系数与垂向载荷为参数的函数。垂向载荷表达式为

$$F_{zf} = \frac{bmg}{2(a+b)}, \quad F_{zr} = \frac{amg}{2(a+b)} \tag{3.30}$$

由于前轮转角较小，根据线性轮胎模型可得

$$F_{cf} = C_f\alpha_f, \quad F_{cr} = C_r\alpha_r \tag{3.31}$$

式中，C_f、C_r 分别为前后轮侧偏刚度；α_f、α_r 分别为前后轮侧偏角。侧偏角的计算表达式为

$$\begin{cases} \beta = \dfrac{v}{u} \\ \alpha_f = \beta + \dfrac{ar}{u} - \delta \\ \alpha_r = \beta - \dfrac{br}{u} \end{cases} \tag{3.32}$$

式中，β 为质心侧偏角；侧偏刚度 C_f、C_r 可由轮胎侧向力与侧偏角的关系曲线获得，在侧偏角比较小的时候，两者近似为线性关系。轮胎侧向力可由侧偏角、路面附着系数及垂直载荷计算得到，具体的函数表达式比较复杂，涉及轮胎理论，可参照已有的轮胎模型。路面附着系数由选取的道路决定，垂直载荷的计算方法见式(3.30)，与车辆参数有关，这两个量已知后通过轮胎模型就可以得到轮胎侧向力与侧偏角的关系曲线，在本书车辆参数(m=1231kg，a=1.04m，b=1.56m)的基础上绘制的轮胎侧向力(前轮)与侧偏角的曲线图如图 3.20 所示。

综上所述，可得车辆动力学模型表达式为

$$
\begin{cases}
\dot{X} = u\cos\varphi - v\sin\varphi \\
\dot{Y} = u\sin\varphi + v\cos\varphi \\
\dot{\varphi} = r \\
\dot{u} = a_x \\
\dot{r} = A'v + B'r + C'\delta \\
\dot{v} = Av + Br + C\delta
\end{cases}
\tag{3.33}
$$

式中，

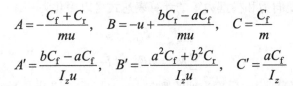

$$
A = -\frac{C_f + C_r}{mu}, \quad B = -u + \frac{bC_r - aC_f}{mu}, \quad C = \frac{C_f}{m}
$$

$$
A' = \frac{bC_f - aC_f}{I_z u}, \quad B' = -\frac{a^2 C_f + b^2 C_r}{I_z u}, \quad C' = \frac{aC_f}{I_z}
$$

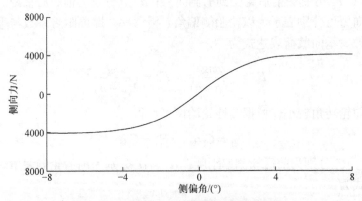

图 3.20　轮胎侧向力与侧偏角关系曲线图

在该车辆数学模型中，状态量选取为 $[X\ Y\ \varphi\ u\ v\ r]^T$，分别表示车辆在大地坐标系下的横坐标、纵坐标、航向角、纵向速度、横向速度以及航向角速度;控制量选取为 $[a_x\ \delta]^T$，表示车辆的纵向加速度和前轮转角。

2. 车辆动力学模型建模

预测模型的主要作用是根据未来输入序列预测出系统未来的输出。为了能够预测车辆在未来一个时域内的状态,需要将连续的车辆动力学模型式(3.33)进行离散化,得到离散化后的系统模型表达式为

$$
\xi(t+1) = f[\xi(t), u(t)]
\tag{3.34}
$$

$$
u(t) = u(t-1) + \Delta u(t)
\tag{3.35}
$$

式中，$\xi(t+1)$ 和 $\xi(t)$ 分别为 t 时刻和 $t+1$ 时刻车辆的状态；$u(t)$ 和 $u(t-1)$ 分别为 t 时

刻和 t–1 时刻的控制量；$\Delta u(t)$ 为 t 时刻的控制增量，引入控制增量的原因在建立目标函数中已解释。

为了把无人车辆的局部路径规划与跟踪转化为统一的优化问题，本书在考虑车速跟踪、控制增量的同时，将行车环境势场作为一部分添加到模型预测控制算法的目标函数中，利用其优化算法寻找势场值低的点，从而实现轨迹规划。轨迹规划与跟踪的目标函数表达式为

$$
J\left[\xi(t),u(t-1),\Delta U(t)\right]=\sum_{i=1}^{N_p}\left\|U_{\text{all}}\left(t+i\,|\,t\right)\right\|_Q^2+\sum_{i=1}^{N_p}\left\|V\left(t+i\,|\,t\right)-V_{\text{des}}\right\|_R^2
$$
$$
+\sum_{i=1}^{N_c}\left\|\Delta u\left(t+i-1\,|\,t\right)\right\|_S^2
$$

(3.36)

式中，$\Delta U(t)$ 为 t 时刻下的需要求解的输入序列；$U_{\text{all}}(t+i|t)$ 为在当前时刻 t 下基于式(3.34)结合输入序列，以及环境势场预测车辆在 $t+i$ 时刻所在位置的势场值；$V(t+i|t)$ 为 t 时刻下基于式(3.34)结合输入序列得到车辆在 $t+i$ 时刻的纵向速度；$\Delta u(t+i-1|t)$ 为 t 时刻之后 $t+i$ 时刻的控制增量；N_p 为预测时域；N_c 为控制时域，一般模型预测控制算法的预测时域在 20～30，控制时域要小于预测时域，当 $i>N_c$ 时，$\Delta u(t+i|t)=0$，表示输入变成定值。V_{des} 为车辆在无障碍下的一个期望速度；Q、R、S 分别为各部分的权重矩阵。目标函数式(3.36)主要包括三部分：第 1 部分是行车环境势场，通过建立的车辆动力学模型结合势场函数计算出预测时域内被控车所受的势场值，势场值越大，行车风险越大；把行车环境势场引入目标函数，找到当前时刻下未来一个预测时域内势场值最小的那些点作为最优轨迹，局部路径规划主要取决于行车环境势场部分，因此该部分对应的权重也要相应大一些；第 2 部分是为了保证车辆在没有干扰的情况下，能够维持当前期望的速度行驶；第 3 部分是控制增量，引入控制增量的目的就是对控制增量进行限制，防止控制增量出现大幅的变化，这样就可以避免车辆运动状态出现大幅变化，提高舒适性。

目标函数建立完成后，最后一步就是约束条件的设计。首先考虑车辆的动力学特性，使得规划的轨迹适合车辆进行跟随。于是对控制量和控制增量进行约束，控制量约束就是对纵向加速度和前轮转角的约束，控制增量约束是对采样时间内控制量的变化情况进行约束，也就是对纵向加速度变化率以及前轮转角角速度的约束。具体约束的表达式为

$$
\begin{cases}
a_{x,\min}\leqslant a_x\leqslant a_{x,\max}\\
\delta_{\min}\leqslant\delta\leqslant\delta_{\max}\\
\dot{a}_{x,\min}\leqslant\dot{a}_x\leqslant\dot{a}_{x,\max}\\
\dot{\delta}_{\min}\leqslant\dot{\delta}\leqslant\dot{\delta}_{\max}
\end{cases}
$$

(3.37)

关于纵向加速度、前轮转角、纵向加速度变化率以及前轮转角角速度的上下

界的取值参考现有的汽车理论及文献[23]，具体取值如表 3.2 所示。

表 3.2　约束参数的上下界取值

参数	最大值	最小值
纵向加速度 a_x/(m/s^2)	2	−4
前轮转角 δ/(°)	−25	25
纵向加速度变化率 $\dot{a}_x$ /(m/s^3)	15	−15
前轮转角速度 $\dot{\delta}$ /[(°)/s]	9.4	−9.4

为了提高轨迹规划与跟踪方法的普适性，对路面情况进行分析，考虑到当车辆行驶在附着系数较低的路面时，必须确保其操纵稳定性。车辆的质心侧偏角或轮胎侧偏角，是衡量车辆操纵稳定性的关键因素。文献[24]分析了质心侧偏角对车辆稳定性的影响，并给出了判断稳定性的准则。车辆在特殊工况下之所以会失稳，主要是因为轮胎与地面产生的轮胎力达到饱和。轮胎力饱和与轮胎侧偏角存在一定关系，因而可根据路面附着条件来约束轮胎侧偏角。轮胎侧偏角的计算方法见式(3.32)，则轮胎侧偏角的约束表达式为

$$\alpha_{\min} \leqslant \alpha_{f,r} \leqslant \alpha_{\max} \tag{3.38}$$

式中，$\alpha_{\min}$ 和 $\alpha_{\max}$ 分别为轮胎侧偏角的下限和上限。

根据轮胎模型，轮胎力饱和时轮胎侧偏角与路面附着条件有关。一般地，低附着路面条件下的轮胎侧偏角极限值应限制在[−2°, 2°]。

因此，无人车辆轨迹规划与跟踪可统一描述的优化问题，其表达式为

$$\min_{\Delta U(t)} \left\{ J\left[\xi(t), u(t-1), \Delta U(t) \right] \right\}$$
$$\text{s.t. } \xi(k+1) = \xi\left[x(k), u(k) \right]$$
$$u(k) = u(k-1) + \Delta u(k)$$
$$u_{\min}(k) \leqslant u(k) \leqslant u_{\max}(k) \tag{3.39}$$
$$\Delta u_{\min}(k) \leqslant \Delta u(k) \leqslant \Delta u_{\max}(k)$$
$$\alpha_{\min} \leqslant \alpha_{f,r} \leqslant \alpha_{\max}$$

在每个控制周期内完成求解后得到的控制增量序列表达式为

$$\Delta U_t^* = \left[\Delta u_t^* \; \Delta u_{t+1}^* \; \cdots \; \Delta u_{t+N_c-1}^* \right]^T$$

将上述控制增量序列的第一个元素，作为实际的控制输出增量输入给无人车，下一周期继续同样的优化问题求解并输入。

3.3.7　仿真试验分析

1. 试验场景设计

无人车辆的行车环境动态多变,为了对提出的轨迹规划与跟踪方法进行验证,选取了几种典型的交通场景,场景 1、2、3 分别是普通超车、相邻车道有干扰的超车以及跟车场景,在直道上进行并且里面的车辆都是小型车。如图 3.21 所示,第 1 个场景假设超车时相邻车道空闲,车辆可保持当前车速对前方慢速车辆进行超越;第 2 个场景假设车辆在超车时相邻车道有其他环境车辆干扰,此时被控车须降速行驶并等待超车时机;第 3 个场景假设前方各车道都有慢速车辆,此时被控车只能减速并跟随前方的慢速车辆。

场景 4、5、6 是针对障碍物进行的试验,分别是车辆前方有不可跨越的障碍物、车辆前方有可跨越的障碍物(有换道空间)、车辆前方有可跨越的障碍物(无换道空间),同样在直道上,示意图如图 3.21 所示。

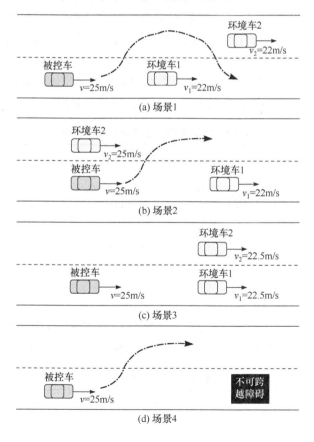

(a) 场景1

(b) 场景2

(c) 场景3

(d) 场景4

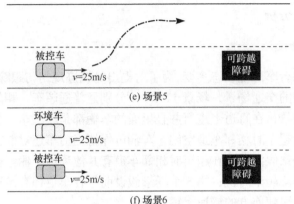

图 3.21 仿真场景示意图

场景 7 是针对大型车的试验，在环境车前方有相同车速的大型车、小型车位于两个车道，一开始，被控车和大型车在同一车道，示意图和场景 3 类似，差异是环境车 1 是大型车。场景 8、9 是针对弯道的试验，场景 8 是弯道换道超车场景，双车道，车辆前方两个车道都有慢速行驶的环境车；场景 9 是弯道跟车场景，假设只有一个车道，并且前方有慢速行驶的车辆。场景 8 和场景 9 的具体信息见表 3.3。前面 9 个行车场景都在较好的路面附着条件下完成。场景 10 为车辆的操纵稳定性试验，即在不同路面附着条件下进行双移线试验。

表 3.3 场景 8 和场景 9 具体设置情况

场景	试验目的	道路结构	被控车信息	环境车信息
场景 8	弯道换道超车	直线接圆弧道路（双车道）	被控车一开始位于直线上，车速 21m/s	环境车 1：本车道前方，车速 18m/s 环境车 2：相邻车道前方，车速 17m/s
场景 9	弯道跟车	圆弧形道路（单车道）	车速 15m/s	环境车 1：车道前方，车速 12m/s

2. 试验结果及分析

通过车辆动力学仿真软件 CarSim 与 MATLAB/Simulink 联合仿真的方式进行仿真场景试验，算法相关的参数设置如表 3.4 所示。

表 3.4 参数设置情况

参数	值	单位	参数	值	单位
$A_{obstacle\_nocross}$	1	——	ε	2	——
$A_{obstacle\_cross}$	2	——	κ	0.01	——

续表

参数	值	单位	参数	值	单位
A_{road}	1	—	I_z	2031	$kg \cdot m^2$
A_{lane}	0.8	—	m	1231	kg
δ_{lane}	0.8	—	a	1.04	m
S_{min}	3	m	b	1.56	m
ρ	0.3	—	C_f	61224	N/rad
ϕ	0.5	—	C_r	42500	N/rad
λ	0.5	—	N_p	25	—
A_{car}	15	—	N_c	2	—
$A_{car,long}$	10	—	δ_{obs}	0.5	—

在轨迹规划与跟踪算法求解上，本书调用 MATLAB 中求解带约束优化问题的 fmincon 函数，试验计算机处理器为 i7-6700HQ CPU 2.60GHz，若要部署于实车应用，需要采用高性能的计算处理单元或者采用更高效的求解方法。值得注意的是，对于无人车辆的纵向控制，轨迹规划与跟踪算法得到的是车辆纵向加速度。实际过程中，应将纵向加速度转化为纵向合力，根据车辆传动系和制动系的逆模型，计算得到对应的节气门开度和制动压力。本书直接将纵向加速度输出给 CarSim 软件，并由该软件自带的速度调节器来调节车速。

下面对各仿真试验的结果进行分析，场景 1、2、3 是最典型的行车场景，因此进行详细分析。场景 1 为普通超车，前方有两辆慢速行驶的环境车分别位于两个车道。在此场景中，被控车在遇到慢速环境车进行换道时，相邻车道一直存在足够的换道空间。场景 1 中首次换道时的势场分布如图 3.22(a)所示，五角星号表示当前被控车的位置，虚线星号为预测轨迹。由图可见，预测轨迹开始偏向相邻车道，被控车将要进行换道。场景 1 中规划所得的纵向速度随时间的变化如图 3.23(a)所示，整个过程中的被控车速度始终维持在 25m/s 左右。

场景 2 是在相邻车道存在干扰的超车。在此场景中，除前方有慢速行驶的环境车外，被控车的侧方也有环境车干扰。由于受到侧方环境车的影响，被控车在靠近前方慢速车辆时无法立即进行换道，只能先减速跟随，等待相邻车道有足够安全的换道空间，此时的势场分布如图 3.22(b)所示，从中可知，由于侧方环境车 2 的势场影响，预测轨迹并未偏向相邻车道。当被控车减速行驶一段时间后，即相邻车道有足够安全空间时，被控车才加速并进行换道，此刻的势场分布与场景 1 换道时类似，预测轨迹会偏向相邻车道。整个过程规划的纵向速度如图 3.23(b)所示，被控车的纵向速度在经历一段时间下降后，若出现可以换道的机会，便会加速，直至换道完成便上升至预定的车速。

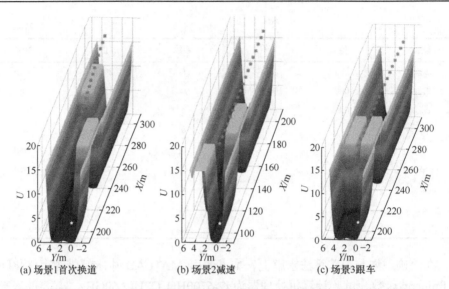

(a) 场景1首次换道　　　　(b) 场景2减速　　　　(c) 场景3跟车

图 3.22　场景 1 首次换道时、场景 2 减速时、场景 3 跟车时势场分布图

场景 3 为普通跟车。在此场景中，本车道和相邻车道的前方均有慢速行驶的环境车，因而被控车无法实施换道超车，只能减速并保持跟前方慢速行驶环境车一致的车速。如图 3.22(c)所示，因相邻车道中环境车 2 的势场影响，被控车在此时的预测轨迹也未偏向相邻车道。在场景 3 中的被控车纵向速度的结果曲线图如图 3.23(c)所示，在其行驶一段时间后，速度开始下降，直至与前方环境车 1 的车速一致，并匀速行驶。

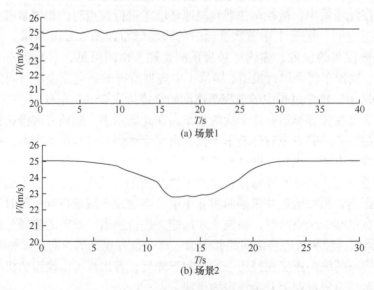

(a) 场景1

(b) 场景2

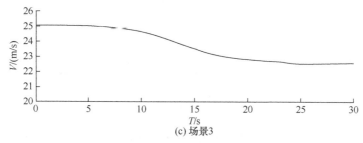

(c) 场景3

图 3.23　不同场景纵向速度结果曲线图

如图 3.24 所示，在仿真过程中，被控车的其他运动状态还包括轨迹、侧向加速度、横摆角与横摆角速度。三个场景中的被控车规划所得的轨迹曲线图如图 3.24(a)所示，场景 1 中的被控车进行了两次换道；场景 2 中的被控车进行了一次换道，且换道时间相比场景 1 的首次换道要晚，这是因为受侧方环境车 2 的影响，一开始没有足够的安全换道空间；场景 3 中的被控车则一直在本车道行驶。同样地，被控车在三个场景中的运动变化也反映在如图 3.24 所示的侧向加速度、横摆角与横摆角速度等车辆运动状态的响应中，即场景 1 中被控车的运动状态会有二次变化，这二次变化的趋势大致对称，方向正好相反；场景 2 中被控车的运动状态出现一次变化，时间较场景 1 中第一次变化晚；场景 3 中被控车的侧向加速度、横摆角、横摆角速度则基本维持在 0 左右，表明被控车始终未进行换道。

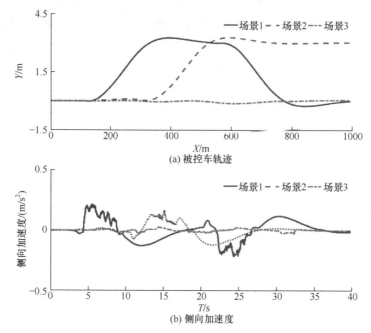

(a) 被控车轨迹

(b) 侧向加速度

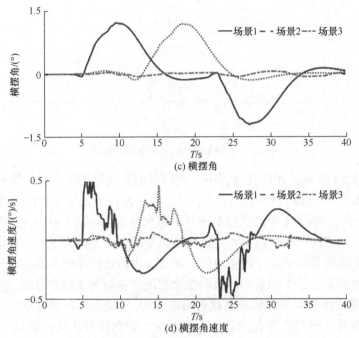

(c) 横摆角

(d) 横摆角速度

图 3.24　仿真场景 1、2、3 中被控车的轨迹、侧向加速度、
横摆角、横摆角速度变化曲线图

　　下面对其他仿真场景的试验结果进行分析，主要对规划得到的轨迹与速度进行分析，不像第一组试验详细分析车辆的参数情况。场景 4 是对不可跨越障碍物的超车试验，规划所得的轨迹及速度结果曲线图如图 3.25 所示。可见，对于不可跨越障碍物，被控车进行了换道超越，速度基本维持不变。

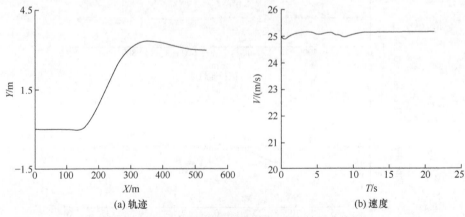

(a) 轨迹

(b) 速度

图 3.25　场景 4 轨迹结果曲线图、速度结果曲线图

场景 5 和场景 6 是针对可跨越障碍物的仿真试验,具体结果如图 3.26 所示。场景 5 中相邻车道有空间进行换道,对于可跨越障碍最好避开行驶,由轨迹图可知,车辆进行了换道,避开了可跨越障碍,符合预期结果。而场景 6 中的相邻车道没有换道空间,在这种情况下,车辆只能直接行驶过去,由轨迹结果可知,车辆的确没有进行换道,而是直接行驶过去。两种场景下的速度基本没有变化,规划所得的纵向速度也符合预期。

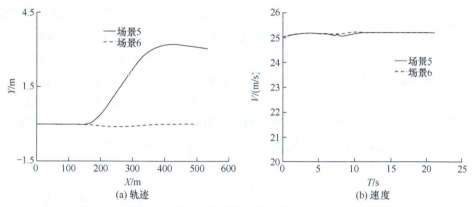

图 3.26　场景 5 和场景 6 的轨迹结果曲线图、速度结果曲线图

场景 7 是针对大型车的仿真试验,具体结果如图 3.27 所示。一开始,被控车与大型车位于同一车道,速度比前方的小型车和大型车都快。大型车的危险系数相比小型车要高一些,之前的设定的策略是,对于慢速行驶的大型车尽量换道超车,没有换道空间时也要保持更远的安全距离。在此场景下轨迹规划的结果应该是换道并进行跟车,由图 3.27 可知,随着距离的靠近,被控车最终完成换道,跟随慢速的小型车行驶,速度最后也稳定在与小型车一样的速度,轨迹规划的结果

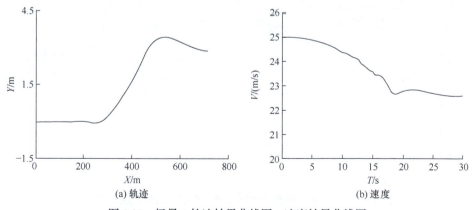

图 3.27　场景 7 轨迹结果曲线图、速度结果曲线图

符合预期。这是因为在相同车速下，大型车的势场影响范围大于小型车，因此，在到达一定距离后，模型预测控制中的优化算法得到的轨迹点会偏往势场相对较低的相邻车道，跟随小型车后方行驶。

　　场景 8 和场景 9 是针对弯道型道路的试验，场景 8 是弯道超车的场景，规划所得的轨迹，如图 3.28(a)所示，由图可知，车辆一开始在直道上行驶，接着转入弯道。为了更清楚地观察被控车的换道行为，把被控车换道部分的轨迹进行放大，第一次换道和第二次换道的轨迹分别如图 3.28(b)、(c)所示，图中，较疏的虚线是本车道前方环境车 2 的轨迹，较密的虚线是前方相邻车道环境车 1 的轨迹，由图 3.28(b)可知，环境车进行了第一次换道，转向了相邻车道，这是由于本车道前方环境车引起的，接着如图 3.28(c)所示，被控车进行了第二次换道，这是由相邻车道的慢速车辆引起的。该场景下规划所得的速度如图 3.28(d)所示，车辆速度出现了下降，这是由于车辆换道后遇到相邻车道的慢速环境车，为了保持一定的安全距离而进行减速，完成第二次换道后，速度回到预先的速度。

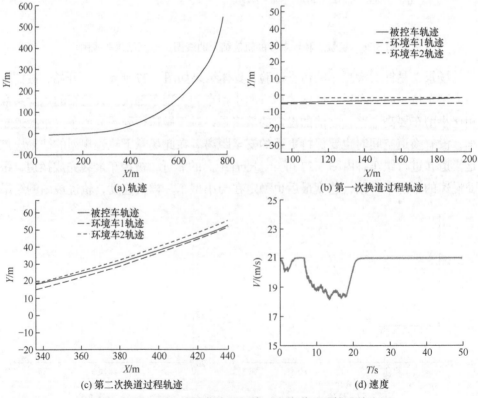

图 3.28　场景 8 轨迹结果曲线图、第一次换道过程轨迹放大图、
第二次换道过程轨迹放大图、速度结果曲线图

场景 9 是弯道跟车,具体结果如图 3.29 所示,由轨迹及速度结果曲线图可知,车辆一直沿着弯道型道路的车道中心线位置行驶,在遇到前方慢速环境车时,进行了减速跟车,最后速度与环境车速度保持一致,轨迹规划的结果符合预期。

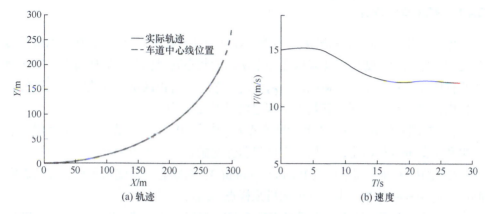

图 3.29　场景 9 轨迹曲线图、速度曲线图

场景 10 是不同附着系数路面的双移线试验。选取高附着路面(附着系数 $\mu = 0.9$)以及低附着路面(附着系数 $\mu = 0.4$)分别进行试验,对比结果如图 3.30 所示。在高附着条件下,轮胎侧偏角最大值未超过 2°,轨迹比较平顺,基本与标准双移线轨迹重合,跟踪精度高。但是,在低附着路面且未引入轮胎侧偏角约束的条件下,车辆的行车轨迹在 80~100m 处有明显抖动,且轮胎侧偏角最大值接近 6°。当引入轮胎侧偏角约束后,其值则始终限定在正负 2°左右,且车辆的双移线行驶轨迹相比无约束情况减少了抖动,有效防止出现轮胎力饱和的情况,提高了车辆行驶的稳定性。

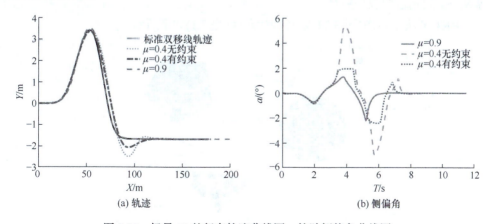

图 3.30　场景 10 的行车轨迹曲线图、轮胎侧偏角曲线图

3.4　随机采样法

3.4.1　RRT 算法简介

RRT 算法由美国伊利诺伊大学香槟分校的 Lavalle[25]提出，其基本思路是通过对状态空间均匀随机采样来构建一个从初始状态到目标状态的连通图，基于随机采样的算法具有概率完备性，不需要对状态空间自由区域显式建模，轨迹的可行性由碰撞检测来验证，其基本步骤包括以下几项[26]。

(1) 树的初始化：首先将初始状态点 c_{init} 作为随机树的根节点，对路径树的节点集和边集进行初始化，初始节点集只包含起始状态，边集为空。

(2) 随机采样：利用函数 Random_Point( )，对状态空间随机采样，在状态空间内以均匀概率分布，生成一个随机采样点 c_{rand}。

(3) 最邻近节点搜索：当采样点落在状态空间安全区域内时，遍历当前随机树中的所有节点，基于最邻近节点判断函数 Nearest_Neighbor(c_{rand}, Tree)，找到距离点 c_{rand} 最近的子节点 $c_{nearest}$。

(4) 新节点生成：利用新节点生成函数 New_State(c_{rand}, $c_{nearest}$)，在 c_{rand} 和 $c_{nearest}$ 的连线上以一定的步长扩展一个新节点 c_{new}。

(5) 碰撞检测：以一定步长选取 $c_{nearest}$ 和 c_{new} 连线上若干中间点进行碰撞检测 $D(c_{new}, c_{nearest})$，若未发生碰撞，则将 c_{new} 以及该连线段分别作为新的子节点和新的边加入到随机扩展树中；若发生碰撞，则舍弃该点重新选择 c_{new}。

(6) 重复步骤(2)，直到 c_{new} 到达 c_{goal} 或 c_{goal} 附近的目标区域，则成功找到一条从 c_{init} 到 c_{goal} 的规划路径。

RRT 算法示意图(图 3.31)以及伪代码(算法 3.1)如下所示。

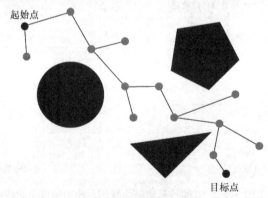

图 3.31　RRT 算法示意图

算法 3.1：RRT 拓展

1：输入：初始随机树 Tree：只包含机器人初始位置 c_{init} 一个节点；

2：　　c_{goal}：目标节点；

3：　　　μ：目标区域半径；

4：　　输出：路径树 Treepath；

5：　　while($\|c_{\text{new}}-c_{\text{goal}}\|>\mu$)

6：　　for $n=1$ to N

7：　　$c_{\text{rand}}\leftarrow$ Random_Point();

8：　　$c_{\text{nearest}}\leftarrow$ Nearest_Neighbor(c_{rand}, Tree);

9：　　$c_{\text{new}}\leftarrow$ New_State(c_{rand}, c_{nearest});

10：　　if $D(c_{\text{new}}, c_{\text{near}})=$ True　　then

11：　　Tree.add_node(c_{new});

12：　　Tree.add_edge(u_{new});

13：　　else

14：　　select another c_{new}

15：　　Tree$_{\text{path}}$ = Tree

16：　　end if

17：　　end for

18：　　Return Tree$_{\text{path}}$

　　基于随机采样的规划算法具有概率完备性，随着采样数目的增加，树会最终稠密地充满整个状态空间自由区域，然而，这样的概率完备性，牺牲了算法的效率，且无法保证解的质量，因此，为把 RRT 算法运用到无人车路径规划中，基于高斯的采样过程得到了广泛应用。

3.4.2　基于高斯的采样过程

　　基于高斯的采样点计算表达式为

$$\begin{bmatrix} s_x \\ s_y \end{bmatrix} = \begin{bmatrix} x_0 \\ y_0 \end{bmatrix} + r\begin{bmatrix} \cos(\theta) \\ \sin(\theta) \end{bmatrix}, \quad \begin{cases} r = \sigma_{\text{r}}\left|n_{\text{r}}\right| + r_0 \\ \theta = \sigma_\theta n_\theta + \theta_0 \end{cases} \tag{3.40}$$

式中，$\left(s_x, s_y\right)$ 为采样点在笛卡儿坐标系下的位置，采样点位置由参考路径点坐标位置和航向角 $\left(x_0, y_0, \theta_0\right)$ 生成；n_{r}、n_θ 为服从标准正态分布的随机变量；σ_{r} 为径向标准差；σ_θ 为横向标准差；θ_0 为参考路径点航向角；r_0 为相对于参考路径点坐标(x_0, y_0)的偏置量。高斯采样示意图如图 3.32 所示。

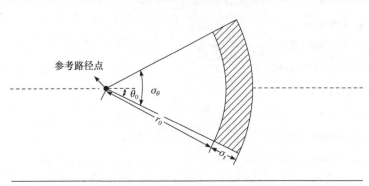

参考路径点

图 3.32　高斯采样示意图

3.4.3　RRT 扩展过程

1. 最邻近节点搜索策略

选择最邻近节点的方式对随机树的形状和生长方向至关重要，最邻近节点的判断依据决定了路径的长度和抖动程度，标准 RRT 算法中，对最邻近节点的判断依据是直接计算节点之间的欧几里得距离。在针对无人驾驶车辆进行路径规划时，应考虑节点之间的夹角关系，一方面过大的夹角对于无人车而言可能无法到达，另一方面最邻近节点的选择应驱使轨迹变得平滑。因此，本书在最邻近节点搜索过程中，添加最大夹角约束，并在最邻近度量中加入角度差，由于距离和角度的量纲不同，使用线性归一化方法对两个变量进行处理，距离度量的表达式为

$$\text{dist}\_\theta(X_1, X_2) = N_1\sqrt{(x_{c_{\text{rand}}} - x_{c_{\text{vertice}}})^2 + (y_{c_{\text{rand}}} - y_{c_{\text{vertice}}})^2} + N_2(|\theta_{c_{\text{rand}}} - \theta_{c_{\text{vertice}}}|)$$

$$(3.41)$$

式中，$\theta_{c_{\text{rand}}}$ 为采样点航向角；$\theta_{c_{\text{vertice}}}$ 为路径树节点航向角；$N_1(\cdot)$、$N_2(\cdot)$ 分别为距离和角度的线性归一化方法。最邻近节点搜索的整体流程如算法 3.2 所示。

算法 3.2：Function：FindNearestPoint()；

1：输入：采样点 RandomPoint；路径树[Vertices, Edges]；

2：最大夹角 $\Delta\theta_{\text{max}}$

3：输出：NearestPoint；

4：　　　　While 1:size(Vertices)

```
5:        if   abs[angle(RandomPoint, Vertice)]< $\Delta \theta_{max}$  &&…
6:             abs[angle(RandomPoint, Vertice)]*5*1.5<…
                                 dist(RandomPoint, Vertice)
7:             dist_ $\theta$ (RandomPoint, Vertice)
8:             dist_ $\theta$ []=sort[dist_ $\theta$ (RandomPoint, Vertices)]
9:             NearestPoint←argmin[dist_ $\theta$ (Vertice)]
10:       end if
11:       end while
12:       end Find NearestPoint()
```

2. 碰撞检测

确定了最邻近节点后，根据特定步长扩展生成候选新节点，并在边集中添加新节点与其父节点的连接。但新节点是否能加入路径树，需要确定该边的端点及中间节点是否存在碰撞冲突。如果该边上的节点与障碍物发生碰撞，则不能将它们添加至随机树中。碰撞检测可表示为一个布尔函数 $D: C \rightarrow \{\text{true}, \text{false}\}$，其定义域为位形空间 C，包括障碍物空间 C_{obstacle} 及可行空间 C_{free}。若某路径点 $q \in C_{\text{obstacle}}$，则 $D(q) = \text{true}$，否则 $D(q) = \text{false}$。

无人车非质点，在进行碰撞检测时，需要根据路径点位置、航向角以及车长、车宽信息对碰撞检测区域进行计算，即依据车辆尺寸和航向角，配置一个简单的包围盒，对包围盒与栅格地图重叠的部分进行碰撞检测测试，在自动驾驶中，针对车辆在二维平面的包围盒主要有三个类型，分别为外接圆包围盒、轴对齐包围盒(axis aligned bounding box，AABB)和方向包围盒(oriented bounding box，OBB)，三种包围盒的示意图如图 3.33 所示。

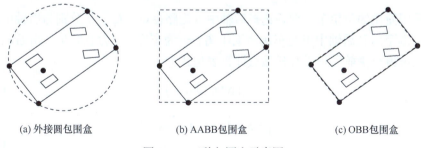

(a) 外接圆包围盒　　　　　(b) AABB包围盒　　　　　(c) OBB包围盒

图 3.33　三种包围盒示意图

外接圆包围盒是将物体都等效为外接圆，这种包围方式来进行碰撞检测较为方便快捷，只需计算车体中心与障碍物中心的距离和各自包围盒半径之和即可，不需要复杂操作，运算速度较快。但由于在驾驶场景中，类似圆形的结构较少，采用外接圆包围盒会产生大量包围冗余，导致碰撞检测的精度较低，一般采用这类包围盒进行碰撞检测时，需要对同一主体构造多层级的圆形包围盒，根据精度需求进行多层级的碰撞检测。AABB 包围盒，即沿坐标轴方向对物体进行包络，其形状为矩形，包围盒的四条边均与坐标轴平行，该包络方式相比于圆形包围盒而言，其包络形状更适合车辆，且精度有所提高，但在某些航向角下，包围盒依然存在较为严重的包络面积冗余。OBB 包围盒的边不一定要与坐标轴平行，只需找到最小的包围物体的矩形，且在障碍物包络形状存在时，可通过分离轴定理进行快速碰撞检测。针对本研究的问题设定，感知层下发给规划层的地图为占据栅格地图，并不包含障碍物的包络形状，若想利用超平面分割定理进行碰撞检测，需要对 C_{obstacle} 空间进行聚类、包络等操作，运算量较大，因此，本书采用 AABB 包围盒方式对包围盒与栅格地图重叠的部分进行碰撞检测测试，如图 3.34 所示。

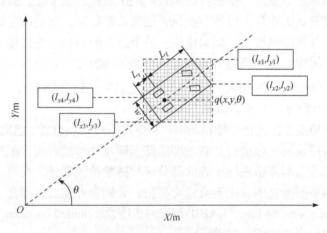

图 3.34　车辆包围盒与栅格地图测答计算图

采用简化的两轮车模型并选择后轴中点为路径点，L_{f}、L_{r} 分别为后轴中点与车辆前端距离和后轴中点与车辆后端距离，w 为车宽，θ 为航向角，由后轴中点路径点可得车辆航向角以及各顶点计算表达式为

$$\theta = \arctan(\mathrm{d}y/\mathrm{d}x) \tag{3.42}$$

$$\begin{cases} l_{x1} = x + L_{\text{f}}\cos\theta - \dfrac{w}{2}\sin\theta \\[2mm] l_{y1} = y + L_{\text{f}}\sin\theta + \dfrac{w}{2}\cos\theta \end{cases} \tag{3.43}$$

$$\begin{cases} l_{x2} = x + L_f \cos\theta + \dfrac{w}{2}\sin\theta \\[2mm] l_{y2} = y + L_f \sin\theta - \dfrac{w}{2}\cos\theta \end{cases} \tag{3.44}$$

$$\begin{cases} l_{x3} = x - L_r \cos\theta + \dfrac{w}{2}\sin\theta \\[2mm] l_{y3} = y - L_r \sin\theta - \dfrac{w}{2}\cos\theta \end{cases} \tag{3.45}$$

$$\begin{cases} l_{x4} = x - L_r \cos\theta - \dfrac{w}{2}\sin\theta \\[2mm] l_{y4} = y - L_r \sin\theta + \dfrac{w}{2}\cos\theta \end{cases} \tag{3.46}$$

3.4.4　RRT 后处理过程

1. 剪枝策略

RRT 采样过程具有随机性，直接利用采样生成的路径树节点进行平滑会导致生成的路径较为曲折，因此有必要对有效路径子树进行处理，删除不必要的节点，并插入必要的节点。

剪枝策略的具体实施方式是，首先从初始节点开始依次连接后续的路径节点，以初始节点、后续节点及后续节点的子节点作为控制节点进行曲线拟合，若曲线上的节点经过离散采样与空间内的障碍物栅格无交集，那么初始节点与该后续节点之间的路径点删除，将两节点直接相连，以此类推，否则，保留初始节点和发生碰撞节点的父节点之间的线路，并将发生碰撞的路径父节点设置为下一个起始节点，继续执行上述过程，直到达到目标节点。

在修剪后获得新的路径树后，所有路径树节点都用作控制点，用于构建 B 样条曲线以平滑路径。

2. 曲线拟合

本书采用 B 样条曲线对剪枝后的路径树进行拟合，以生成满足车辆运动约束的轨迹。1946 年，Schoenberg 首次提出样条理论，1972 年，Gordon 对 Bezier 曲线进行拓展，提出 B 样条曲线。B 样条曲线具备贝塞尔曲线几何不变性和仿射不变性的优点，通过对曲线定义域的细分，以及其基函数只在节点区域非零的特性，克服了贝塞尔曲线不具有局部性的缺点。同时位置序列中有一个位置点发生改变，只会影响整条轨迹中的一小部分，不会改变整条运动轨迹，即曲线的局部形状只受到相应顶点的控制，选择合适的控制顶点，可以得到满足一定要求的光滑曲线。因此 B 样条曲线有更高阶的设计自由度，能够较好地应用于无人车路径规划过程中。

B 样条曲线的定义的表达式为

$$p(t) = \sum_{i=0}^{n} p_i N_{i,k}(t) \tag{3.47}$$

式中，p_i 为控制曲线的特征点，对于本书而言即为剪枝后获得的路径树节点；$N_{i,k}(t)$ 为第 i 个 k 阶 B 样条基函数，其递推定义的表达式为

$$N_{i,0}(t) = \begin{cases} 1, & t_i \leqslant t \leqslant t_{i+1} \\ 0, & \text{其他} \end{cases} \tag{3.48}$$

$$N_{i,k}(t) = \frac{t - t_i}{t_{i+k} - t_i} N_{i,k-1}(t) + \frac{t_{i+k+1} - t}{t_{i+k+1} - t_{i+1}} N_{i+1,k-1}(t) \tag{3.49}$$

式中，t_i 为第 i 个节点值，由式(3.49)可以看出，对于第 $n+1$ 个控制顶点拟合出的 B 样条曲线，需要确定节点序列 $[t_0, t_1, t_2, \cdots, t_{n+k+1}]$ 中的具体值。而对于第 i 个 k 次 B 样条 $N_{i,k}(t)$，需要用到 $[t_i, t_{i+1}, t_{i+2}, \cdots, t_{i+k+1}]$ 共 $k+2$ 个节点，将该区间记作 $N_{i,k}(t)$ 的支撑区间。定义该节点序列为递增序列，即 $t_0 \leqslant t_1 \leqslant t_2 \leqslant \cdots \leqslant t_{n+k+1}$，通常将曲线的定义域取为规范参数域，使得 $t \in [0,1]$，由此可推出，$t_0 = t_1 = \cdots = t_k = 0$，$t_{n+1} = t_{n+2} = \cdots = t_{n+k+1} = 1$。实际共需要确定 $n-k$ 个节点值 $t_{k+1}, t_{k+2}, \cdots, t_n$。将由路径树形成的控制多边形近似看作样条曲线的外接多边形，曲线的分段连接点和路径树的节点与边相对应。令路径树各个边长记作 $l_i = |p_i - p_{i-1}|$，则路径树的总长度为 $L_r = \sum_{i=1}^{n} l_i$，假定 B 样条曲线 $n-k$ 个分段连接点对应于路径树上除两端 $k+1$ 个顶点外的其余 $n-k$ 个控制顶点，对其展开后做规范化处理，以本书采用的三次 B 样条曲线为例，得到的节点序列表达式为

$$\left[0, 0, 0, 0, \frac{l_1 + l_2}{L}, \frac{l_1 + l_2 + l_3}{L}, \cdots, \frac{l_1 + l_2 + \cdots + l_{n-2}}{L}, 1, 1, 1, 1 \right]$$

通过以上公式拟合出的 B 样条曲线，若其中第 i 个控制节点 p_i 发生改变，会使得曲线方程中 $p_i N_{i,k}(t)$ 发生改变。然而该变化的影响范围是有限的，使用 B 样条曲线得到的无人车行驶轨迹的鲁棒性更强。

由同一组控制顶点定义得到的 B 样条曲线，随着基函数的阶数越高，拟合出来的曲线也就越光滑，但随之带来的计算量也会增加，在本书中，由参数曲线

$$\begin{cases} x = x(t) \\ y = y(t) \end{cases}$$ 得到曲率表达式为

$$\rho = \frac{|\ddot{x}\dot{y} - \dot{x}\ddot{y}|}{\left(\dot{x}^2 + \dot{y}^2\right)^{3/2}} \tag{3.50}$$

由式(3.50)可知曲率要求 x, y 二阶可导,因此选择三次 B 样条曲线进行路径规划,样条基函数,其表达式为

$$N_{i,k}(t) = \frac{1}{6}\begin{bmatrix} u^3 & u^2 & u & 1 \end{bmatrix}\begin{bmatrix} -1 & 3 & -3 & 1 \\ 3 & -6 & 3 & 0 \\ -3 & 0 & 3 & 0 \\ 1 & 4 & 1 & 0 \end{bmatrix} \tag{3.51}$$

由上式可得到三次 B 样条表达式、一阶导数函数、二阶导数函数,其表达式为

$$[x, y] = \frac{1}{6}\begin{bmatrix} t^3 & t^2 & t & 1 \end{bmatrix}\begin{bmatrix} -1 & 3 & -3 & 1 \\ 3 & -6 & 3 & 0 \\ -3 & 0 & 3 & 0 \\ 1 & 4 & 1 & 0 \end{bmatrix}\begin{bmatrix} p_{1,i,x} & p_{1,i,y} \\ p_{2,i,x} & p_{2,i,y} \\ p_{3,i,x} & p_{3,i,y} \\ p_{4,i,x} & p_{4,i,y} \end{bmatrix} \tag{3.52}$$

$$\left[\frac{dx}{dt}, \frac{dy}{dt}\right] = \frac{1}{6}\begin{bmatrix} 3t^2 & 2t & 1 & 0 \end{bmatrix}\begin{bmatrix} -1 & 3 & -3 & 1 \\ 3 & -6 & 3 & 0 \\ -3 & 0 & 3 & 0 \\ 1 & 4 & 1 & 0 \end{bmatrix}\begin{bmatrix} p_{1,i,x} & p_{1,i,y} \\ p_{2,i,x} & p_{2,i,y} \\ p_{3,i,x} & p_{3,i,y} \\ p_{4,i,x} & p_{4,i,y} \end{bmatrix} \tag{3.53}$$

$$\left[\frac{d^2x}{d^2t}, \frac{d^2y}{d^2t}\right] = \frac{1}{6}\begin{bmatrix} 6t & 2 & 0 & 0 \end{bmatrix}\begin{bmatrix} -1 & 3 & -3 & 1 \\ 3 & -6 & 3 & 0 \\ -3 & 0 & 3 & 0 \\ 1 & 4 & 1 & 0 \end{bmatrix}\begin{bmatrix} p_{1,i,x} & p_{1,i,y} \\ p_{2,i,x} & p_{2,i,y} \\ p_{3,i,x} & p_{3,i,y} \\ p_{4,i,x} & p_{4,i,y} \end{bmatrix} \tag{3.54}$$

式中, $p_{1,i,x} \sim p_{4,i,x}$ 为第 i 段 B 样条曲线四个控制点横向坐标; $p_{1,i,y} \sim p_{4,i,y}$ 为第 i 段 B 样条曲线四个控制点纵向坐标。

3.4.5　仿真验证

1. 仿真环境设计

为对本章提出的算法进行验证,在 Matlab 软件中,搭建车辆超车场景如图 3.35 所示,被控车辆及环境车辆位于三车道直线道路中间车道,其中环境车表示为中

间车道的黑色占据栅格部分。图中实线表示不可跨越的车道边界，虚线表示可跨越的车道分道线(分道线与边界只为方便读者理解仿真地图，在栅格地图中，并没有精确的分道线、边界线位置)。图中车道边界线外黑色区域表示障碍物占据栅格，表示道路旁可能存在的树木、建筑物等障碍物，整体栅格地图大小为 200×200，每个栅格代表 $20\text{cm} \times 20\text{cm}$ 的现实平面空间，环境提供三个离散参考路径点，路径点信息包括 $\begin{bmatrix} x_{c_{\text{ref}}} & y_{c_{\text{ref}}} & \theta & v_{\text{ref}} \end{bmatrix}$。仿真参数信息如表 3.5～表 3.7 所示。

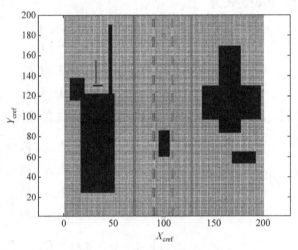

图 3.35　搭建车辆超车场景

表 3.5　参考路径点相关参数设置

参数名称	参数值
参考路径点 1	[100,50,π/2,10]
参考路径点 2	[100,100,π/2,10]
参考路径点 3	[100,150,π/2,10]

表 3.6　环境参数设置

参数名称	参数值
横向范围	[0,200]
纵向范围	[0,200]
起始状态	[100,1,π/2]
目标状态	[100,180,π/2]
栅格分辨率	20cm × 20cm

表 3.7　车辆参数设置

参数名称	参数值/m
车长	5
车后轴中心与车头距离	3.8
车后轴中心与车尾距离	1.2
车宽	2
最小转弯半径	6

2. 仿真结果分析

运用本章所提出的基于改进 RRT 算法的无人车局部路径规划算法,在仿真环境下的路径规划结果如图 3.36 所示。

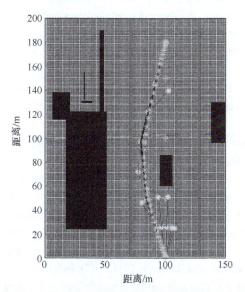

图 3.36　基于 RRT 算法的局部避障路径规划结果

图 3.36 中,方形节点为路径树扩展节点,虚线线段为路径树边集,可以看出路径树在前期扩展过程中,对道路可行区域进行了充分探索,并在道路左侧扩展出可行路径,最终生成的未剪枝路径如实线线段所示,剪枝后的路径如黑色线段所示,经过曲线拟合后的路径如*线条所示。由图 3.36 可以看出,本书设计的剪枝策略有效去除了路径树中冗余的路径节点,并通过三次 B 样条曲线生成了平滑的局部超车路径。产生的路径从起点出发到达目标点,且与周围障碍物无交集,即不发生碰撞;横向最大位移为 3.447m,利用约 17.6m 的距离完成了超车再并道

的过程，整体路径较为平滑，最大曲率为 0.06m^{-1}，满足车辆最小转弯半径约束，因此得出结论，本书所提出的基于改进 RRT 的无人车路径规划算法，可在结构化道路的超车场景中，生成满足环境约束及无人车运动学约束的路径。

3.5　本　章　小　结

本章主要针对无人车中常用的路径规划算法进行了分析与总结，重点介绍了基于状态栅格法、人工势场法以及基于采样的三类算法在无人车局部路径规划中的应用，并给出了具体的算法设计过程及仿真验证结论。

参 考 文 献

[1] 张广林, 胡小梅, 柴剑飞, 等. 路径规划算法及其应用综述. 现代机械, 2011, 5: 85-90.

[2] Khatib O. Real-time obstacle avoidance for manipulators and mobile robots. The International Conference on Robotics and Automation, Saint Louis, 1985.

[3] 宋建辉, 代涛, 刘砚菊. 基于改进人工势场法的移动机器人路径规划. 计算机工程与科学, 2017, 39(7): 5.

[4] Abbas M A, Milman R, Eklund J M. Obstacle avoidance in real time with nonlinear model predictive control of autonomous vehicles. Canadian Journal of Electrical and Computer, 2017, 40(1): 12-22.

[5] Montemerlo M, Becker J, Bhat S, et al. Junior: The Stanford entry in the urban challenge. Journal of Field Robotics, 2008, 25(9): 569-597.

[6] Kammel S, Ziegler J, Pitzer B, et al. Team AnnieWAY\"s autonomous system for the 2007 DARPA urban challenge. Journal of Field Robotics, 2008, 25(9): 615-639.

[7] Ferguson D, Howard T M, Likhachev M. Motion planning in urban environments: Part I. IEEE/RSJ International Conference on Intelligent Robots and Systems, Nice, 2008.

[8] Karaman S, Frazzoli E. Sampling-based algorithms for optimal motion planning. The International Journal of Robotics Research, 2011, 30(7): 846-894.

[9] Lavalle S M, Kuffner J J. Randomized kinodynamic motion planning. International Journal of Robotics Research, 1999, 20(5): 378-400.

[10] Kuwata Y, Karaman S, Teo J, et al. Real-time motion planning with applications to autonomous urban driving. IEEE Transactions on Control Systems Technology, 2009, 17(5): 1105-1118.

[11] Howard T M, Kelly A. Optimal rough terrain trajectory generation for wheeled mobile robots. The International Journal of Robotics Research, 2007, 26(2): 141-166.

[12] Mcnaughton M, Urmson C, Dolan J M, et al. Motion planning for autonomous driving with a conformal spatiotemporal lattice. IEEE International Conference on Robotics & Automation, Shanghai, 2011.

[13] Rastelli J P, Lattarulo R, Nashashibi F. Dynamic trajectory generation using continuous-curvature algorithms for door to door assistance vehicles. IEEE Intelligent Vehicles Symposium,

Michigan, 2014.

[14] Han L, Yashiro H, Nejad H T N, et al. Bézier curve based path planning for autonomous vehicle in urban environment. IEEE Intelligent Vehicles Symposium, La Jolla, 2010.

[15] Gonzalez D, Perez J, Lattarulo R, et al. Continuous curvature planning with obstacle avoidance capabilities in urban scenarios. IEEE International Conference on Intelligent Transportation Systems, Qingdao, 2014.

[16] Mcnaughton M. Parallel algorithms for real-time motion planning. Dissertations & Theses-Gradworks, Pittsburgh, 2011.

[17] 廉保旺, 张怡, 李勇, 等. UTM 坐标转换成大地坐标系的算法研究. 弹箭与制导学报, 1999, (3): 16-20.

[18] 韩兆洲. 高斯-牛顿法在非线性回归分析中的应用. 财贸研究, 1992, 3(3): 72-75.

[19] Wolf M T, Burdick J W. Artificial potential functions for highway driving with collision avoidance. IEEE International Conference on Robotics & Automation, Pasadena, 2008.

[20] 黄子超, 吴青, 马育林. 基于模型预测控制与环境势场建模的车队协同驾驶方法研究. 中国智能交通年会大会, 北京, 2016.

[21] Song X L, Chen H T, Jiang H. Influencing factors research on vehicle path planning based on elastic bands for collision avoidance. SAE International Journal of Passenger Cars-Electronic and Electrical Systems, 2012, 5(2): 625-637.

[22] Song X, Cao H, Huang J. Vehicle path planning in various driving situations based on the elastic band theory for highway collision avoidance. Proceedings of the Institution of Mechanical Engineers Part D Journal of Automobile Engineering, 2013, 227(12): 1706-1722.

[23] Wolf M T, Burdick J W. Artificial potential functions for highway driving with collision avoidance. IEEE International Conference on Robotics & Automation, Pasadena, 2008.

[24] Yamamoto M, Koibuchi K, Fukada Y, et al. Vehicle stability control in limit cornering by active brake. JSAE Review, 1995, 16(3): 323.

[25] Lavalle S M. Rapidly-exploring random trees: A new tool for path planning. Research Report, 1999.

[26] 余卓平, 李奕姗, 熊璐. 无人车运动规划算法综述. 同济大学学报: 自然科学版, 2017, 39(7): 25-30.

第 4 章　智能驾驶跟踪控制

4.1　概　　述

传统的控制方法为 PID 控制及预瞄跟随理论。预瞄跟随在理论研究及模拟仿真中均能取得良好的效果，对于人-车-路闭环模型的研究起到了很大的推动作用。但由于智能车速度较快，且存在目标轨迹急剧变化的情况，因此在应用过程中，模型会受到其他诸多因素的影响，在系统描述上产生误差。所以单纯的预瞄跟随理论并不是研究智能车的理想方法。PID 结构简单，在工业控制中得到广泛应用，但是随着智能车的发展，跟踪控制对稳定性和准确性的要求越来越高，且提出了个性化等需要，PID 方法逐渐不能满足需求。

模型预测控制的机理可以描述为，在每个采样时刻，基于系统的当前状态及预测模型，按照给定的目标函数及约束在线求解一个开环优化问题，将优化得到的控制序列的第一个元素作用于被控对象。当系统在下一时刻到达新的状态，重复上述过程，用新的测量值或者估计值刷新优化问题重复求解[1]。因此，模型预测控制就是重复进行预测-优化-反馈的过程。

驾驶员在驾驶过程中的行为可以描述为，在当前时刻通过预瞄感知得到期望状态，根据驾驶经验及被控系统未来的预测状态，通过优化使预测状态跟踪上期望状态，将优化得到的控制动作(转向、制动或驱动)作用在被控车辆上，当车辆在下一时刻到达新的状态时，驾驶员将重复上述行为，以实现对车辆操纵的目的。在整个过程中，驾驶员必然会受到路况、交通情况、天气以及自身的生理局限等约束的限制，从这个角度来讲，驾驶员的驾驶行为与 MPC[1,2]的思想是一致的，因此采用 MPC 原理对驾驶行为进行建模是一种行之有效的方法。近年来，MPC 方法在汽车控制上得到了广泛的应用[3,4]，Ungoren[5]从福特公司的角度，对 MPC 在混合动力车辆能量管理、动力总成控制、底盘控制等汽车领域的应用进行了详细的阐述，同时指出 MPC 在驾驶员行为建模方面具有潜在的应用前景，必将是未来研究的热点。目前基于 MPC 思想的驾驶员建模大致可以分为基于线性车辆动力学建立的线性驾驶员模型和基于非线性车辆动力学建立的非线性驾驶员模型。Macadam 等[6,7]在提出模型的基础上，利用自适应 MPC 方法建立了驾驶员转向模型。其代价函数不再是单纯的路径偏差，而是路径偏差与路径偏差变化率的加权函数，并利用驾驶员模拟器获得的数据对该模型进行辨识。但是在辨识过程中，并没有考虑噪声对模型的影响。Cole 等[8]采用线性二次型最优调节(linear quadratic regulate，LQR)算法和 MPC 两种方法分别建立了线性的驾驶员转向模型，并对两种模型进行了比较。研究表明，当预测时域和控制时域时间足够长时，基于两种方法建立的驾驶员转向模型具有类似的控制效果。近年来，虽然一些研究[9,10]把着眼点放在无人驾驶的转向控制上，但是该类研究除了没有直接考虑驾驶员神经肌肉的延迟特性外，其设计控制器的过程在某程度上说即为驾驶员的建模过程。例如，文献[11]，为了使被控车辆在有限时间内跟踪上期望路径，提出了基于 MPC 的无人驾驶车辆主动前轮转向控制器。该项研究分别根据非线性车辆动力学模型和线性时变(linear time varying，LTV)车辆动力学模型设计 MPC 控制器，通过考虑包含侧向位移偏差、姿态角偏差及方向盘转角增量在内的目标函数，使被控车辆在湿滑路面上可以以较高车速跟踪上期望路径，并通过双移线试验对该结论的有效性进行验证。在此基础上，文献[10]将研究重心放在对 LTV-MPC 控制器的分析上。不仅给出了使 LTV-MPC 控制器渐近稳定的充分条件，并通过试验验证在该条件下，被控车辆在湿滑路面上跟踪期望路径的过程中具有侧向及横摆稳定性。

　　在将由线性车辆动力学建立的驾驶员模型作用于具有非线性动态的车辆时，没有考虑到侧向轮胎饱和力的影响，导致驾驶员模型产生一个过大的转向需求[11]，这与实际驾驶员的操纵行为是不相符的。为了改善这一问题，必须以非线性车辆动力学模型来建立相应的驾驶员模型。Macadam[12]提出了基于预瞄及内模的非线性驾驶员模型，其能够模拟驾驶员的感知延迟、路径规划以及神经肌肉的特性。在预瞄模块的建立中，如何模拟驾驶员根据前方道路变化信息来及时调整其预瞄时间是一个难点。其内模模块采用了包含轮胎侧向力饱和特性的非线性车辆动力学模型。在每个模拟区间，通过比较三个固定输入(δ，$\delta\pm$补偿)中的最优值来求解一个非线性代价函数。进一步地，采用驾驶员模拟器的转向数据验证了所提出驾驶员模型的有效性。Keen 等[13]在基于 MPC 思想提出了一种非线性驾驶员转向模型，该驾驶员模型通过选取包括轮胎侧偏力的非线性车辆动力学模型作为内模，模拟驾驶员对车辆动态的认识，并以此来预测车辆未来的动态。通过将轮胎侧偏力在一系列轮胎侧偏角处分别进行线性化，得到了具有多个分段线性特性的非线性车辆动力学模型，反映了驾驶员的驾驶经验。文献[14]中建立的驾驶员模型，其创新点在于利用多内模框架来模拟不同驾驶员的驾驶经验以及对车辆动态的认识。通过仿真表明，这种多内模框架与 MPC 相结合的方法在模拟驾驶员经验方面具有潜在的应用价值。Keen 在文献[15]的基础上，利用 14 名驾驶员的双移线试验获得了具有噪声的测试数据，并应用这些数据来辨识所提出的具有一定结构的转向控制律参数。该转向控制律可通过 MPC 方法求解以多个分段线性模型为预测模型、以路径偏差和方向盘转角变化率为优化目标的无约束优化问题而获得。

为了辨识该转向控制律的参数，文献[14]中提出了以最小化转向角的预测误差为基础的间接辨识方法，从而避免了由人-车-路闭环系统带来的噪声影响。

上述讨论的驾驶员建模方法并没有考虑人-车-路系统中存在的扰动和不确定性，如路面附着系数、路面不平度等因素。虽然经典的鲁棒MPC[15]可以处理扰动和不确定性，但是其思想是基于min-max方法，即在扰动或者不确定性达到最坏的情况下，最小化目标函数，很显然该方法具有较强的保守性。若用该方法对驾驶员行为进行建模，不仅保守，而且也不适合描述驾驶员的驾驶特性。因为驾驶员通常不会将出现的扰动或者不确定性考虑成最坏的情形，当然也无法做到精确的认识，恰恰应该是模糊的或者是随机的认识[16,17]。随机模型预测控制(stochastic model predictive control, SMPC)[18,19]可以直接利用和处理系统存在的随机特性而降低保守性。如何应用SMPC处理随机系统受到了各领域的广泛关注，如混合动力车辆中的能量管理系统[18,20]、金融[21,22]、节能建筑[23,24]以及驾驶员建模[25,26]等领域。

随机系统是指一类不确定系统，其不确定性满足特定的概率分布，按照研究对象的特点大致可分为随机不确定性系统和随机扰动系统两类[27]。针对随机变量服从正态分布的随机不确定性系统，鲁棒MPC设计方法不再适用，这是因为鲁棒MPC无法处理参数/扰动无界的情况。Cannon等[28]提出了概率不变集的概念，概率不变集的引入为随机系统处理软约束(机会约束)问题提供了新的思路。虽然在优化问题求解过程中，有关变量转化的关系存在一些小的错误[29]，但可根据文献[29]中的阐述得到解决。在此基础上，Cannon等[30]针对包含随机不确定性和扰动的线性系统，提出离散Markov与概率不变集相结合的方法处理软约束，并用该方法解决风力涡轮机功率最大化问题中存在的软约束。针对如何处理软约束问题，Cannon等[31]提出了在线优化Tube与马尔可夫决策相结合的方法。该方法首先设计预测状态间的转移概率以达到满足概率约束的目的，在此基础上，将预测状态的软约束转换成硬约束，并通过求解优化问题在线更新Tube半径和控制律使闭环系统稳定。同样对于随机不确定性系统，文献[19]提出scenario-based方法，该方法在已知离散不确定参数概率分布列的基础上，基于极大似然估计思想估计不确定参数最有可能的取值，并以此作为不确定参数的预测值。经此转换，可遵循MPC理论设计使闭环系统有稳定的控制律，该方法在驾驶员建模和车辆动力总成控制[25,26]等领域得到较好的应用。上述方法，在理论上从不同角度解决了SMPC的问题，但是算法可行的前提是需要已知随机参数的概率分布函数。因此在分布未知，或者仅已知随机变量的数字特征下，如何设计使随机不确定系统稳定的控制律，必将成为SMPC领域未来需解决的问题之一。

针对随机扰动系统的预测控制问题，Farina等[32]设计误差状态反馈控制器，并根据Cantalli不等式将软约束转化成硬约束处理。该方法虽然不需要已知随机变量的分布函数，但是需要已知扰动的均值和协方差矩阵的取值。在此基础上，

Farina 等[33]设计输出反馈控制器并分析了闭环系统的可行性和收敛性。同样也可以借鉴参数化扰动反馈的设计方法[34,35]，利用可测扰动信息结合反馈律和附加控制量进行控制，该方法既可用于随机不确定性系统也可用于随机扰动系统，但要求系统扰动可测。Wang 等[36]进一步增加了该方案控制策略的自由度，获得了较好的控制效果。

4.2　基于 PID 的车辆控制

无人驾驶车辆中的控制是指通过使用油门、刹车、方向盘将车辆驾驶到期望的位置，控制看起来很简单但是实际上很复杂。人们在驾驶汽车通过十字路口的时候通过经验和直觉来确定什么时候应该转动方向盘，什么时候应该加减速，但是让计算机理解这些并不是一件非常容易的事情。控制算法在无人车项目中被称为控制器。

众多基于规则的车辆运动控制算法中，最常用的是 PID 控制理论和模型预测控制方法。本节以这两种方法为基础，分别阐述这些方法在车辆运动控制方面的应用。

4.2.1　基本原理

PID 的传递函数表达式为[37]

$$G_c(s) = k_p + \frac{k_i}{s} + k_d s \qquad (4.1)$$

控制由三部分组成：比例环节、积分环节和微分环节[38]。

PID 控制器结构简单，在实际应用中其性能能够直接、简洁地调整，并在各种运行环境中具有很强的鲁棒性，因此该控制方法在很多领域都有广泛的运用。PID 控制器的调整方式是在不同的性能需求下，调整比例环节系数 k_p、积分环节系数 k_i、微分环节系数 k_d，以获取需要的系统动态和稳态性能[39]。通过正确地选择比例系数 k_p、积分系数 k_i、微分系数 k_d，PID 矫正能够减小或消除稳态误差，并改善系统的动态性能，减小稳定时间、超调量等。

4.2.2　基于 ITAE 准则的 PID 参数优化

时间乘以误差绝对值乘积积分(integrated time absolute error，ITAE)准则是指标在绝对误差积分(integrated absolute error，IAE)指标基础上进行的改进，其特性在于具有小的动态响应超调量，调节时间短。在控制系统中，ITAE 准则将控制系统的稳定性、准确性和快速性融合为一体。本节以 ITAE 为准则，对控制系统的性能以及控制器参数的选择优化进行阐述说明。

ITAE 指标的定义表达式为[40]

$$I = \int_0^T t\,|e(t)|\,\mathrm{d}t \tag{4.2}$$

基于 ITAE 准则优化线性系统，最优的系统系数表达式为

$$T(s) = \frac{Y(s)}{R(s)} = \frac{b_0}{s^n + b_{n-1}s^{n-1} + \cdots + b_1 s + b_0} \tag{4.3}$$

式中，不同阶系统传递函数的系数表达式为

$$\begin{cases} s + \omega_n \\ s^2 + 1.4\omega_n s + \omega_n^2 \\ s^3 + 1.75\omega_n s^2 + 2.15\omega_n^2 + \omega_n^3 \\ s^4 + 2.1\omega_n s^3 + 3.4\omega_n^2 s^2 + 2.7\omega_n^3 s + \omega_n^4 \end{cases} \tag{4.4}$$

由车辆的运动学公式可得

$$\dot{\phi} = \tan\delta_{\mathrm{f}}\frac{u}{l} \tag{4.5}$$

式中，δ_{f} 为车辆控制量前轮转角；u 为车辆纵向车速；l 为车辆前后轴的距离；$\dot{\phi}$ 为横摆角速度。

当前轮转角很小时，有 $\tan\delta_{\mathrm{f}} \approx \delta_{\mathrm{f}}$，其表达式为

$$\dot{\phi} = \delta_{\mathrm{f}}\frac{u}{l} \tag{4.6}$$

其传递函数的表达式为

$$G(s) = \frac{U(s)}{\Phi(s)} = \frac{u}{ls(\tau s + 1)} \tag{4.7}$$

式中，引入了一个惯性环节 $\frac{1}{\tau s + 1}$。

利用 PID 控制器 $G_{\mathrm{c}}(s)$ 控制该运动学模型 $G(s)$ 期望的航向角，其表达式为

$$\begin{aligned} G_{\mathrm{c}}(s) &= k_{\mathrm{p}} + \frac{k_{\mathrm{i}}}{s} + k_{\mathrm{d}}s \\ &= \frac{k_{\mathrm{d}}s^2 + k_{\mathrm{p}}s + k_{\mathrm{i}}}{s} \end{aligned} \tag{4.8}$$

则其开环传递函数为

$$G_c(s)G(s) = \frac{u}{ls(\tau s + 1)} \frac{k_d s^2 + k_p s + k_i}{s}$$

$$= \frac{u k_d s^2 + u k_p s + u k_i}{l\tau s^3 + l s^2} \tag{4.9}$$

则其闭环传递函数为

$$T(s) = \frac{G_c(s)G(s)}{1 + G_c(s)G(s)}$$

$$= \frac{u k_d s^2 + u k_p s + u k_i}{l\tau s^3 + (u k_d + l) s^2 + u k_p s + u k_i} \tag{4.10}$$

为了得到如式(4.3)的表达式，还需引入一个前置滤波环节 $G_p(s)$，其表达式为

$$T^*(s) = \frac{G_c(s)G(s)G_p(s)}{1 + G_c(s)G(s)} = \frac{u k_i}{l\tau s^3 + (u k_d + l) s^2 + u k_p s + u k_i} \tag{4.11}$$

式(4.11)与式(4.4)的对应项相等，其表达式为

$$\begin{cases} \dfrac{u k_d + l}{l\tau} = 1.75\omega_n \\[2mm] \dfrac{u k_p}{l\tau} = 2.15\omega_n^2 \\[2mm] \dfrac{u k_i}{l\tau} = \omega_n^3 \end{cases} \tag{4.12}$$

基于实际情况选取适当的 u、l、τ、ω_n 值，解式(4.12)就可获得 k_p、k_i 和 k_d 的值。

4.2.3　基于 PID 的车辆纵、横向控制

1. 纵向控制

国内外设计 PID 纵向控制方式主要有直接式控制和分层式控制两种比较成熟的思路可以借鉴。直接式控制顾名思义就是根据期望的两车间距或速度，直接决策出为达到当前的行驶目标所需要的油门踏板以及制动踏板信息，但车辆是一个复杂的非线性系统，采用直接式控制会使控制链过长，并且车辆参数及外界环境信息的改变会使系统的鲁棒性受到很大的影响，不利于保持系统的稳定性，在极端情况下，可能导致系统失效。因此，分层控制的思想得到了众多学者和汽车厂商的青睐，并被广泛使用。分层控制包括上下两层控制器，上层控制器根据两车间距误差以及其他的车辆状态信息计算出期望的车辆纵向加速度，下层控制器则

完成对期望纵向加速度或速度的跟踪。分层控制可使各子模块控制目标明确，且不同模块间功能独立，便于控制参数的调节及整个系统的稳定。本节也选取分层式控制的方法来设计纵向 PID 控制器。

当前车辆纵向控制方法主要有 PID 控制理论、线性二次型最优调节、滑模变结构控制、模型预测控制、模糊逻辑控制以及神经网络控制等，其中 PID 控制器因其算法简单、运算负载小、可靠性高等优点而广泛地应用于车辆控制中，是一种经典实用的车速控制手段。

跟随决策算法的功能主要为根据车辆所获取的周围环境信息，决策出该时刻受控车的期望加速度，使得受控车能够以较为稳定的状态跟随在前车后面，其输出的控制量应在保证安全性的前提下，尽可能地考虑乘坐舒适性。安全性要求是指受控车能够在前车紧急制动的情况下，根据自车的制动性能，避免与前车发生碰撞。乘坐舒适性是指车辆在行驶过程中，避免产生较大的加速度和减速度，能够为乘员提供舒适的乘坐环境。

PID 控制的基础是比例控制；积分控制可消除稳态误差，但可能增加超调；微分控制可加快大惯性系统响应速度及减弱超调趋势。PID 控制器算法简单、运算负载小、可靠性高，使用中不需精确的系统模型等先决条件，因而成为应用最为广泛的控制器。

1) 控制框架

PID 纵向控制器的作用是控制车辆的制动和加速踏板位置来跟踪上层控制器输出的目标车速。PID 纵向控制框架如图 4.1 所示，$V_{des}(s)$ 为上层控制器输出的目标车速，$V(s)$ 为车辆实际输出的车速，T 为 PID 控制器输出的加速/制动踏板位置，G_{PID} 和 G_{veh} 分别为 PID 控制器和车辆的传递函数。目标车速与实际车速的误差值输入 PID 控制器中，PID 控制器产生加速/制动踏板位置值控制车辆达到目标速度。由于在很短的时间内，目标车速看作定值，因此 PID 控制器的输入可以看作一个单位阶跃输入。由 PID 控制器的特性可知，PID 可以对阶跃输入进行无差跟踪，因此通过调整 PID 的参数可以实现速度的精确跟踪。

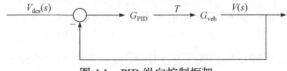

图 4.1　PID 纵向控制框架

2) PID 参数的优化和选取

合适的 PID 参数选取能够使车辆精确地跟踪目标车速。本节 PID 参数的选取和优化过程如图 4.2 所示，首先基于车辆纵向控制系统的特点获取车辆的简化线性模型。然后，利用 ITAE 准则对 PID 参数进行粗调。最后，手动微调参数直至系统能够稳定精确地跟踪。

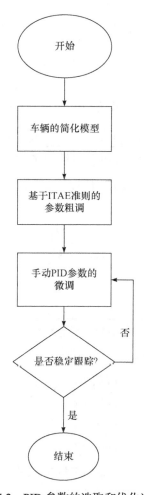

图 4.2 PID 参数的选取和优化过程

为了简化 ITAE 准则的相关计算，要先获取车辆的简化传递函数。由车辆纵向操作特性，可将车辆简化为一个惯性环节的传递函数，其表达式为

$$G_{veh} = \frac{k}{\tau s + 1} \tag{4.13}$$

PID 控制器的传递函数，其表达式为

$$
\begin{aligned}
G_{PID}(s) &= k_p + \frac{k_i}{s} + k_d s \\
&= \frac{k_d s^2 + k_p s + k_i}{s}
\end{aligned}
\tag{4.14}
$$

则系统的开环传递函数表达式为

$$
\begin{aligned}
G_{\mathrm{PID}}(s)G_{\mathrm{veh}}(s) &= \frac{k}{\tau s+1}\frac{k_{\mathrm{d}}s^2+k_{\mathrm{p}}s+k_{\mathrm{i}}}{s} \\
&= \frac{kk_{\mathrm{d}}s^2+kk_{\mathrm{p}}s+kk_{\mathrm{i}}}{\tau s^2+s}
\end{aligned}
\tag{4.15}
$$

对应的闭环传递函数的表达式为

$$
T_{\mathrm{PID}} = \frac{C_{\mathrm{PID}}(s)G_{\mathrm{veh}}(s)}{1+C_{\mathrm{PID}}(s)G_{\mathrm{veh}}(s)} = \frac{kk_{\mathrm{d}}s^2+kk_{\mathrm{p}}s+kk_{\mathrm{i}}}{(kk_{\mathrm{d}}+\tau)s^2+(kk_{\mathrm{p}}+1)s+kk_{\mathrm{i}}}
\tag{4.16}
$$

为了使用 ITAE 准则，需要在闭环系统之前加入前馈滤波环节 G_{p}，其表达式为

$$
G_{\mathrm{p}} = \frac{kk_{\mathrm{i}}}{kk_{\mathrm{d}}s^2+kk_{\mathrm{p}}s+kk_{\mathrm{i}}}
\tag{4.17}
$$

则此时系统的传递函数为

$$
T^* = \frac{G_{\mathrm{p}}C_{\mathrm{PID}}(s)G_{\mathrm{veh}}(s)}{1+C_{\mathrm{PID}}(s)G_{\mathrm{veh}}(s)} = \frac{kk_{\mathrm{i}}}{(kk_{\mathrm{d}}+\tau)s^2+(kk_{\mathrm{d}}+1)s+kk_{\mathrm{i}}}
\tag{4.18}
$$

由 ITAE 准则可得的等式，其表达式为

$$
\begin{cases}
\dfrac{kk_{\mathrm{p}}+1}{kk_{\mathrm{d}}+\tau} = 1.4\omega_n \\[3mm]
\dfrac{kk_{\mathrm{i}}}{kk_{\mathrm{d}}+\tau} = \omega_n^2
\end{cases}
\tag{4.19}
$$

则解等式(4.19)可以获得 k_{p}、k_{i}、k_{d} 的之间的关系。基于此关系，对 PID 的参数进行手动调整，直至获得稳定精确的跟踪效果。

2. 横向控制

1) 车辆运动学模型

高自由度的车辆模型能够较好地反映出车辆实际的运行状态，但是研究车辆控制问题时通常不选用高自由度模型，这是因为高自由度模型的建模以及基于高自由度模型求解控制量是十分麻烦的。车辆二自由度包含车辆质量及轮胎侧偏刚度这两大重要参数，基本可以反映车辆转向时最基本的特性，被广泛用于车辆转向控制器设计中。建立车辆二自由度模型时，通常要基于如下假设条件。

(1) 忽略车辆转向系统影响，简化车辆的转向过程，直接以前轮转角作为控制输入。

(2) 忽略车辆悬架作用，车厢的运动只有平面运动，即车厢始终平行于地面。

(3) 车辆横向加速度限定在 $0.4g$ 之下，因而轮胎侧偏角比较小，轮胎侧偏角与其侧偏特性为线性关系。

(4) 车辆纵向速度恒定不变，同时不考虑空气动力学的影响。

(5) 忽略由于载荷变化而引起的左右轮胎的特性变化。

基于上述假设条件，车辆模型便可以简化成只有绕 y 轴侧向运动和绕 z 轴横摆运动，这两个自由度的车辆二自由度模型如图 4.3 所示。

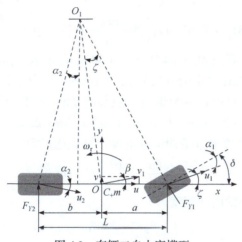

图 4.3　车辆二自由度模型

根据图 4.3，基于牛顿第二定律及力矩平衡，可得如下微分方程：

$$\begin{cases} \sum F_Y = F_{Y1}\cos\delta + F_{Y2} \\ \sum M_Z = aF_{Y1}\cos\delta - bF_{Y2} \end{cases} \tag{4.20}$$

式中，F_{Y1}、F_{Y2} 分别为地面对车辆前轮的侧向力、地面对车辆后轮的侧向力，即侧偏力；a、b 分别为车辆前、后轴到车辆质心的距离；δ 为前轮转角。

一般而言，前轮转角 δ 比较小，根据假设条件(3)，轮胎侧偏特性与侧偏角为线性关系，其表达式为

$$\begin{cases} \sum F_Y = k_1\alpha_1 + k_2\alpha_2 \\ \sum M_Z = ak_1\alpha_1 - bk_2\alpha_2 \end{cases} \tag{4.21}$$

式中，α_1、α_2 分别为车辆前轮侧偏角、后轮侧偏角；k_1、k_2 分别为车辆前轮侧偏刚度、后轮侧偏刚度。

车辆质心偏角为 β，$\beta = v/u$，ζ 为 u_1 与 x 轴夹角，其值为

$$\zeta = \beta + \frac{a\omega_r}{u} \tag{4.22}$$

根据坐标系规定，车辆前、后轮侧偏角 α_1、α_2 分别为

$$\begin{cases} \alpha_1 = -(\delta - \zeta) = \beta + \dfrac{a\omega_r}{u} - \delta \\[3mm] \alpha_2 = \dfrac{v - b\omega_r}{u} = \beta - \dfrac{b\omega_r}{u} \end{cases} \tag{4.23}$$

把式(4.23)代入式(4.21)可得

$$\begin{cases} \sum F_Y = ma_y = k_1\left(\beta + \dfrac{a\omega_r}{u} - \delta\right) + k_2\left(\beta - \dfrac{b\omega_r}{u}\right) \\[3mm] \sum M_Z = I_Z\varphi'' = ak_1\left(\beta + \dfrac{a\omega_r}{u} - \delta\right) - bk_2\left(\beta - \dfrac{b\omega_r}{u}\right) \end{cases} \tag{4.24}$$

车辆质心运动示意图如图 4.4 所示，ox 和 oy 是车辆坐标系的纵轴和横轴；质心速度 v_1 在 t 时刻在 ox 轴上的分量为 u，在 oy 轴上的分量为 v。考虑到 $\Delta\theta$ 极小，同时忽略二阶微量，可得在 $t+\Delta t$ 时刻，质心速度沿 ox 轴上的分量变为

$$(u + \Delta u)\cos\Delta\theta - u - (v + \Delta v)\sin\Delta\theta = \Delta u - v\Delta\theta \tag{4.25}$$

根据式(4.25)可得车辆质心纵向加速度，其表达式为

$$a_x = \frac{\mathrm{d}u}{\mathrm{d}t} - v\frac{\mathrm{d}\theta}{\mathrm{d}t} = u' - v\omega_r \tag{4.26}$$

同理，车辆质心横向加速度为

$$a_y = v' + u\omega_r \tag{4.27}$$

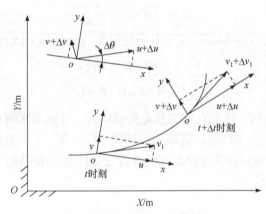

图 4.4　车辆质心运动示意图

联合式(4.24)和式(4.26)可得二自由度车辆微分方程为

$$\begin{cases} k_1\left(\beta + \dfrac{a\omega_r}{u} - \delta\right) + k_2\left(\beta - \dfrac{b\omega_r}{u}\right) = m(v' + u\omega_r) \\[3mm] ak_1\left(\beta + \dfrac{a\omega_r}{u} - \delta\right) - bk_2\left(\beta - \dfrac{b\omega_r}{u}\right) = I_Z\varphi'' \end{cases} \tag{4.28}$$

即

$$\begin{cases} y'' = -\dfrac{k_1 + k_2}{mu} y' - \left(u + \dfrac{ak_1 - bk_2}{mu} \right)\varphi' + \dfrac{k_1}{m}\delta \\[4mm] \varphi'' = -\dfrac{ak_1 - bk_2}{I_Z u} y' - \dfrac{a^2 k_1 + b^2 k_2}{I_Z u}\varphi' + \dfrac{ak_1}{I_Z}\delta \end{cases} \tag{4.29}$$

本章所建立的车辆二自由度模型，其表达式为

$$\begin{bmatrix} y'' \\ \varphi'' \end{bmatrix} = \begin{bmatrix} -\dfrac{k_1 + k_2}{mu} & -u - \dfrac{ak_1 - bk_2}{mu} \\[4mm] -\dfrac{ak_1 - bk_2}{I_Z u} & -\dfrac{a^2 k_1 + b^2 k_2}{I_Z u} \end{bmatrix} \begin{bmatrix} y' \\ \varphi' \end{bmatrix} + \begin{bmatrix} \dfrac{k_1}{m} \\[4mm] \dfrac{ak_1}{I_Z} \end{bmatrix}\delta \tag{4.30}$$

接下来将在此基础之上运用运动控制算法实现车辆的横向控制。

2) 预瞄跟随理论

根据驾驶员开车时驾驶行为的特性，吉林大学郭孔辉提出了预瞄跟随理论来实现车辆轨迹跟随控制，预瞄跟随理论将车辆轨迹跟随控制分为一个预测器和一个跟随器，如图 4.5 所示。

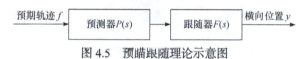

图 4.5　预瞄跟随理论示意图

预测器进行期望轨迹点决策，在已知预期行驶轨迹函数后，根据驾驶员对未来行驶轨迹的选取特性进行 T 时间后轨迹的决策，也就是说可以近似认为是驾驶行为人的轨迹决策环节。跟随器进行期望决策的控制实现，驾驶行为人对选取未来轨迹后会根据自身操作特性和对车辆动力学特性的了解，进行转向操作，跟随器就相当于驾驶员的操作环节。根据预瞄跟随理论，预瞄跟随系统设计要求为在低频域中 $P(s)$ 和 $F(s)$ 要满足相乘积为 1。

预瞄跟随控制中驾驶员模型的建立往往基于以下假设。

(1) 在驾驶员自身生理限制和驾驶安全限制的条件下，力求车辆行驶轨迹与预期路径的误差最小是指导驾驶员进行转向操纵的基本原则。

(2) 驾驶员在选择预瞄距离时，除了遵从上述误差最小原则外，还根据期望路径的特征，包括轨迹误差、横向加速度和方向盘的忙碌程度，按一定权系数进行综合优化来确定预瞄距离和方向盘转角，从而形成熟练驾驶员行为模型。

在转向驾驶中，驾驶员能很容易地获得车辆稳态转向的经验，其表达式为

$$y''(t) = G_{ay}\delta_{sw}(t) \tag{4.31}$$

式中，G_{ay} 为车辆动力学特性；δ_{sw} 为车辆前轮转角；y'' 为车辆横向加速度。

在 t 时刻车辆位置和速度为 $x(t)$、$y(t)$、$x'(t)$、$y'(t)$，其中 $x'(t) \approx v$ 不随时间变化，预期轨迹为 $f(x)$。驾驶员预瞄区段对应时间为 $(t+tp_1, t+tp_2)$，因此驾驶员根据汽车的当前状态预测时间 T 后的汽车位置的表达式为

$$x(t+T) = x(t) + vT \tag{4.32}$$

$$y(t+T) = y(t) + Ty'(t) + T^2 y''(t)/2 \tag{4.33}$$

3) 车辆轨迹跟踪控制

基于控制方法计算转向控制量即前轮转角，实现车辆横向控制。基于预瞄跟随理论，将车辆横向控制问题分为理想横向加速度预瞄、横向加速度-前轮转角建模与辨识、横向加速度控制个三部分。

首先是理想横向加速度预瞄，是在预期行驶轨迹已知时对其进行处理的方法。在车辆预期行驶轨迹已知时，车辆理想横向加速度的预瞄过程如图 4.6 所示。

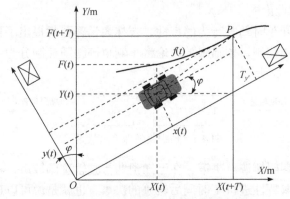

图 4.6　车辆理想横向加速度预瞄示意图

首先建立车辆车身坐标系，此时车辆质心位置的大地坐标为 $X(t)$、$Y(t)$，车身坐标系下坐标为 $x(t)$、$y(t)$，车辆航向角 φ，道路轨迹函数大地坐标为 $Y = Y(X)$，因此可得各点的绝对坐标与车身坐标系下相对坐标的关系为

$$\begin{cases} X = x\cos\varphi - y\sin\varphi \\ Y = x\sin\varphi + y\cos\varphi \end{cases} \tag{4.34}$$

考虑到驾驶员驾驶时总是以与车辆自身方向一致的相对坐标在观测前方道路特征，因此将道路在大地坐标系下的轨迹函数转化为在车辆车身坐标系下的道路函数。每一时刻根据车辆航向角将道路轨迹函数从大地坐标转换成相对坐标，从而作为系统输入的表达式为

$$\begin{cases} x = Y\sin\varphi + X\cos\varphi \\ y = Y\cos\varphi - X\sin\varphi \end{cases} \tag{4.35}$$

然后，确定预瞄点。根据预瞄时间 T 可以确定预瞄点 P 的绝对纵向坐标的表达式为

$$X(t+T) = X(t) + Tu \tag{4.36}$$

根据 P 的绝对纵向坐标和道路轨迹函数即可确定预瞄点的大地坐标，然后根据式(4.35)即可确定预瞄点 P 的相对坐标。

最后，确定理想的横向加速度。我们控制的目标就是车辆在经过时间 T 后其横向位置坐标与该处的预期轨迹位置能达到一致，因此 t 时刻时车辆的最优预瞄横向加速度的表达式为

$$y''(t) = \frac{2}{T^2}[y(t+T) - y(t) - Ty'(t)] \tag{4.37}$$

如果不考虑车辆动态响应过程、驾驶行为人反映时间等特性时，车辆运动可以近似看成服从 Ackerman 几何关系，也就是说车辆曲率与前轮转角成正比，其表达式为

$$\frac{1}{R} = \frac{\delta}{iL} \tag{4.38}$$

式中，R 为车辆转向半径；i 为常系数；L 为车辆前后轴轴距；δ 为车辆前轮转角。

当车辆作稳态圆周运动时，车辆横向加速度与速度满足以下关系：

$$y'' = \frac{v^2}{R} \tag{4.39}$$

结合式(4.38)和式(4.39)可得

$$y'' = \frac{\delta v^2}{iL} \tag{4.40}$$

然而对于实际的车辆行驶过程，车辆转向控制系统具有较强的非线性，基于线性动力学理论车辆转向特性一般可以被近似描述成一线性无穷系统，车辆横向加速度对前轮转角的传递函数，其表达式为

$$\frac{y''}{\delta}(s) = G_{ay} \frac{1 + T_{n1}S + T_{n2}S^2 + \cdots}{1 + T_{d1}S + T_{d2}S^2 + \cdots} \tag{4.41}$$

式中，G_{ay} 为横向加速度稳态增益值；T_{n1}、T_{n2}、T_{d1}、T_{d2} 为常系数。

此时，当车辆行驶速度发生变化时，能够反映车辆转向控制动力学特性的横向加速度的响应特性也是变化的，如图 4.7 所示。

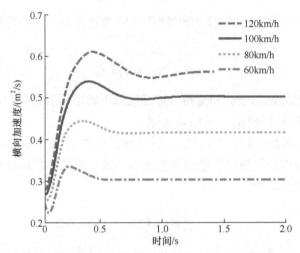

图 4.7　前轮转角阶跃下车辆横向加速度变化曲线图

不同车辆速度下前轮转角阶跃下横向加速度变化曲线图如图 4.7 所示，可以看出前轮转角阶跃控制输入下测试系统的反应时间基本上均在 0.5s 以上，也就是说达到稳定的横向加速度所需的时间都在 0.5s 之上，而驾驶员预瞄时间 T 取值通常为 0.5～2.0s，本书选取预瞄时间为车队车车间距与车辆速度比值即期望的时距，为 1.5s，因此远大于在前轮转角输入下的车辆瞬态响应时间，在设定的预瞄时间段之内车辆在前轮转角控制输入下早已经达到了稳态响应的阶段。相对于前轮转角输入控制，车辆横向加速度的稳态增益是有上界的，而且非零，也就是说如果前轮转角输入保持不变，车辆横向加速度在车辆稳定后将固定不变。

针对车辆动力学系统的强非线性的特点，基于局部等效线性化方法，为描述车辆横向加速度与前轮转角的关系，将式(4.41)简化成一阶线性模型，其表达式为

$$\frac{y''}{\delta}(s) = G_{ay}\frac{1+T_{n}S}{1+T_{d}S} \tag{4.42}$$

驾驶员一般是根据信号及信号变化率来进行车辆转向操作的。为此，根据预瞄跟随理论，结合驾驶员驾驶行为特性，本书提出了车辆方向的自适应 PID 控制算法。

自适应 PID 控制算法包括两个回路：外环由车辆转向特性估计器和 PID 控制器参数自整定器组成，汽车转向特性估计采用前面建立的线性模型来描述横向加速度与前轮转角的关系，即式(4.42)，内环则由不完全微分 PID 控制器及被控对象车辆组成。

根据预瞄跟随理论，从理想的车辆横向加速度到实际的横向加速度的传递函数之积应等于 1，其表达式为

$$\left[k_{\mathrm{p}}\left(1+\frac{k_{\mathrm{d}}s}{1+k_{\mathrm{df}}s} \right) \right]\left[\frac{y''}{\delta}(s) \right]=1 \tag{4.43}$$

结合式(4.42)和式(4.43)可得

$$\left[k_{\mathrm{p}}\left(1+\frac{k_{\mathrm{d}}s}{1+k_{\mathrm{df}}s} \right) \right]=\frac{1}{G_{\mathrm{ay}}}\frac{1+T_{\mathrm{d}}S}{1+T_{\mathrm{n}}S} \tag{4.44}$$

即

$$k_{\mathrm{p}}\left[\frac{1+(k_{\mathrm{d}}+k_{\mathrm{df}})s}{1+k_{\mathrm{df}}s} \right]=\frac{1}{G_{\mathrm{ay}}}\frac{1+T_{\mathrm{d}}S}{1+T_{\mathrm{n}}S} \tag{4.45}$$

根据式(4.45)可得不完全微分 PID 控制器参数的自整定公式的表达式为

$$k_{\mathrm{p}}=\frac{1}{G_{\mathrm{ay}}}, \quad k_{\mathrm{d}}=T_{\mathrm{d}}-T_{\mathrm{n}}, \quad k_{\mathrm{df}}=T_{\mathrm{n}} \tag{4.46}$$

式中，G_{ay}、T_{d}、T_{n} 为车辆横向加速度稳态增益值及相应的时间常数，反映了车辆在前轮转角输入下的横向加速度的响应特性。

考虑到连续 PID 控制方法在使用之前需要离散化处理。用一系列采样时刻点 kT 近似代表连续时间 t，用一阶向后差分代替微分，其表达式为

$$\begin{cases} t\approx kT, \quad k=0,1,2,\cdots \\ \dfrac{\mathrm{d}e(t)}{\mathrm{d}t}\approx \dfrac{e(k)-e(k-1)}{T} \end{cases} \tag{4.47}$$

由此可得自适应 PD 算法的表达式为

$$\begin{cases} u_{\mathrm{D}}(k)=\dfrac{k_{\mathrm{df}}}{\mathrm{d}T+k_{\mathrm{df}}}u_{\mathrm{D}}(k-1)+k_{\mathrm{p}}\dfrac{k_{\mathrm{d}}}{\mathrm{d}T+k_{\mathrm{d}}}[e(k)-e(k-1)] \\ u'_{\delta\mathrm{p}}(k)=k_{\mathrm{p}}e(k)+u_{\mathrm{D}}(k) \\ u_{\delta\mathrm{p}}(k)=\dfrac{1}{\mathrm{d}T+k_{\mathrm{df}}}[\mathrm{d}Tu'_{\delta\mathrm{p}}(k)+k_{\mathrm{df}}u_{\delta\mathrm{p}}(k-1)] \end{cases} \tag{4.48}$$

基于上述方法实现对车辆横向位置的跟踪，为提高轨迹跟踪精度，同时以规划器规划出的期望航向角为目标，基于 PID 控制方法，得到反馈控制量，实现车辆横向控制，提高横向控制效果。控制律的表达式为

$$u_{\delta}=u_{\delta\mathrm{p}}+u_{\delta\mathrm{f}} \tag{4.49}$$

式中，u_{δ} 为转向控制量前轮转角；$u_{\delta\mathrm{p}}$ 为前馈控制量；$u_{\delta\mathrm{f}}$ 为反馈控制量，其表达式为

$$u_{\delta\mathrm{f}}=k_{\mathrm{p}}(\varphi_{\mathrm{des}}-\varphi_{\mathrm{act}})+k_{i}\int_{0}^{t}(\varphi_{\mathrm{des}}-\varphi_{\mathrm{act}})\mathrm{d}t+k_{\mathrm{d}}\frac{\mathrm{d}(\varphi_{\mathrm{des}}-\varphi_{\mathrm{act}})}{\mathrm{d}t} \tag{4.50}$$

式中，φ_{des} 为期望航向角；φ_{act} 为实际航向角。那么期望的前轮转角 u_δ 可由式(4.49)得到。

4.3　基于 MPC 的车辆控制

MPC 的最核心的思想就是利用三维的空间模型加上时间构成四维时空模型，然后在这个时空模型的基础上，求解最优控制器。MPC 控制器基于一段时间的时空模型，因此得到的控制输出也是系统在未来有限时间步的控制序列。理论构建的模型与系统真实模型都有误差，因此，更远未来的控制输出对系统控制的价值很低，MPC 仅执行输出序列中的第一个控制输出[41]。

4.3.1　基于车辆动力学模型的 MPC 控制建模

1. 车辆动力学模型

预测模型可以说是模型预测控制算法的基础，建立准确的车辆数学模型是第一步。模型选取的原则是满足当前场景的需要，因此本书选择单轨模型来进行车辆动力学建模，车辆动力学模型示意图如图 4.8 所示。

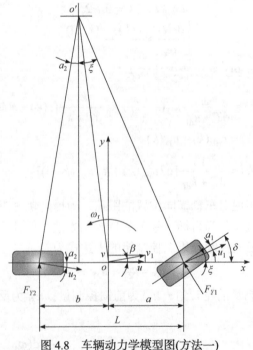

图 4.8　车辆动力学模型图(方法一)

建立的车辆数学模型的表达式为

$$\begin{cases} ma_x = \sum F_x \\ m(\dot{v} + ur) = \sum F_y \\ I_z \dot{r} = \sum M_z \\ \dot{\varphi} = r \\ \dot{X} = u\cos\varphi - v\sin\varphi \\ \dot{Y} = u\sin\varphi + v\cos\varphi \end{cases} \tag{4.51}$$

式中，前三个公式表示车辆质心在 x、y、z 轴上的受力平衡方程；第四个表示横摆角速度；最后两个式子表示车身坐标系与大地坐标系的转换关系。其中，m 为车辆质量；u、v、r 分别为其纵向速度、横向速度与横摆角速度；I_z 为车辆绕 z 轴的转动惯量；$\sum F_x$、$\sum F_y$、$\sum M_z$ 分别为车辆所受的纵向力、横向力、横摆力矩；$\dot{X}$、$\dot{Y}$ 为车辆在大地坐标系下的位置；φ 为车辆的横摆角；a_x 为车辆的纵向加速度。

假设车辆为前轮转向，并且考虑到车辆的前轮转角比较小，即 $\sin\delta = 0$，$\cos\delta = 1$，这样横向力和横摆力矩的计算公式可以简化为

$$\sum F_y = F_{cf} + F_{cr} \tag{4.52}$$

$$\sum M_z = aF_{of} - bF_{cr} \tag{4.53}$$

式中，F_{cf}、F_{cr} 分别为前后轮受到的侧向力；a、b 分别为前、后轴距。轮胎的纵向力和侧向力可分别表示为以轮胎侧偏角、滑移率、路面附着系数与垂向载荷为参数的函数。垂向载荷可以求得，其表达式为

$$F_{zf} = \frac{bmg}{2(a+b)}, \quad F_{zr} = \frac{amg}{2(a+b)} \tag{4.54}$$

由于前轮转角较小，根据线性轮胎模型可得表达式为

$$F_{cf} = C_f \alpha_f, \quad F_{cr} = C_r \alpha_r \tag{4.55}$$

式中，C_f、C_r 分别为前后轮侧偏刚度；α_f、α_r 分别为前后轮侧偏角。侧偏角的表达式为

$$\begin{cases} \beta = \dfrac{v}{u} \\ \alpha_f = \beta + \dfrac{ar}{u} - \delta \\ \alpha_r = \beta - \dfrac{br}{u} \end{cases} \tag{4.56}$$

式中，β 为质心侧偏角。侧偏刚度 C_f、C_r 可由轮胎侧向力与侧偏角的关系曲线获得，在侧偏角比较小的时候，两者近似为线性关系。轮胎侧向力可由侧偏角、路面附着系数及垂直载荷计算得到，具体的函数表达式比较复杂，涉及轮胎理论，可参照已有的轮胎模型。本节假设轮胎偏角较小，侧向力与侧偏角为线性关系。

综上所述，可得车辆动力学模型的表达式为

$$\begin{cases} \ddot{x} = a_x \\ \ddot{\phi} = M^* \dot{y} + N^* \dot{\phi} + F^* \delta \\ \ddot{y} = M^* \dot{y} + N^* \dot{\phi} + F^* \delta \end{cases} \tag{4.57}$$

式中，

$$M = -\frac{C_f + C_r}{mu}, \quad N = -u + \frac{bC_r - aC_f}{mu}, \quad F = \frac{C_f}{m}$$

$$M^* = \frac{bC_r - aC_f}{I_z u}, \quad N^* = -\frac{a^2 C_f + b^2 C_r}{I_z u}, \quad F^* = \frac{aC_f}{I_z}$$

2. 基于车辆动力学模型的 MPC 控制器设计

设车辆的状态量 $\tilde{\xi} = \begin{bmatrix} \dot{x} & \dot{y} & \dot{\phi} \end{bmatrix}^T$，控制量为 $u = \begin{bmatrix} a_x & \delta \end{bmatrix}^T$，则基于动力学模型的车辆状态方程的表达式为

$$\dot{\tilde{\xi}} = A(t)\tilde{\xi} + B(t)u \tag{4.58}$$

式中，

$$A(t) = \begin{bmatrix} 0 & 0 & 0 \\ 0 & M & N \\ 0 & M^* & N^* \end{bmatrix}, \quad B(t) = \begin{bmatrix} 1 & 0 \\ 0 & F \\ 0 & F^* \end{bmatrix}$$

对状态方程进行离散化处理，采样周期为 T：

$$\begin{cases} A_{k,t} = I + TA(t) \\ B_{k,t} = TB(t) \end{cases} \tag{4.59}$$

为了计算方便，假设在每个优化周期内 $A_{k,t}$ 和 $B_{k,t}$ 为定值。

设

$$\xi(k) = \begin{bmatrix} \tilde{\xi}(k) & u(k-1) \end{bmatrix}^T$$

$$\xi(k+1) = \begin{bmatrix} x(k+1) \\ u(k) \end{bmatrix} = \begin{bmatrix} A_{k,t}x(k) + B_{k,t}u(k) \\ u(k-1) + \Delta u(k) \end{bmatrix}$$

$$= \begin{bmatrix} A_{k,t}x(k) + B_{k,t}u(k-1) + B_{k,t}\Delta u(k) \\ u(k-1) + \Delta u(k) \end{bmatrix}$$

$$= \begin{bmatrix} A_{k,t} & B_{k,t} \\ 0 & I \end{bmatrix} \begin{bmatrix} x(k) \\ u(k-1) \end{bmatrix} + \begin{bmatrix} B_{k,t} \\ I \end{bmatrix} \Delta u(k)$$

$$= \tilde{A}\xi(k) + \tilde{B}\Delta u(k)$$

$$\vdots$$

(4.60)

$$\xi(k+N_c) = \tilde{A}^{N_c}\xi(k) + \tilde{A}^{N_c-1}\tilde{B}\Delta u(k) + \cdots + \tilde{A}\tilde{B}\Delta u(k+N_c-2) + \tilde{B}\Delta u(k+N_c-1)$$

$$\vdots$$

$$\xi(k+N_p) = \tilde{A}^{N_p}\xi(k) + \tilde{A}^{N_p-1}\tilde{B}\Delta u(k) + \cdots + \tilde{A}^{N_p-N_c+1}\tilde{B}\Delta u(k+N_c-2)$$

$$+ \tilde{A}^{N_p-N_c}\tilde{B}\Delta u(k+N_c-1)$$

(4.61)

将所有的输出方程构造成一个列矩阵，令

$$\begin{bmatrix} \eta(k+1) \\ \eta(k+2) \\ \vdots \\ \eta(k+N_c) \\ \vdots \\ \eta(k+N_p) \end{bmatrix} = \begin{bmatrix} \tilde{C}\xi(k+1) \\ \tilde{C}\xi(k+2) \\ \vdots \\ \tilde{C}\xi(k+N_c) \\ \vdots \\ \tilde{C}\xi(k+N_p) \end{bmatrix} = Y(k)$$

(4.62)

则

$$Y(k) = \begin{bmatrix} \tilde{C}\tilde{A} \\ \tilde{C}\tilde{A}^2 \\ \vdots \\ \tilde{C}\tilde{A}^{N_c} \\ \vdots \\ \tilde{C}\tilde{A}^{N_p} \end{bmatrix} \xi(k) + \begin{bmatrix} \tilde{C}\tilde{B} & 0 & 0 & 0 \\ \tilde{C}\tilde{A}\tilde{B} & \tilde{C}\tilde{B} & 0 & 0 \\ \vdots & \vdots & & \vdots \\ \tilde{C}\tilde{A}^{N_c-1}\tilde{B} & \tilde{C}\tilde{A}^{N_c-2}\tilde{B} & \cdots & \tilde{C}\tilde{B} \\ \vdots & \vdots & & \vdots \\ \tilde{C}\tilde{A}^{N_p-1}\tilde{B} & \tilde{C}\tilde{A}^{N_p-2}\tilde{B} & \cdots & \tilde{C}\tilde{A}^{N_p-N_c}\tilde{B} \end{bmatrix} \begin{bmatrix} \Delta u(k) \\ \Delta u(k+1) \\ \vdots \\ \Delta u(k+N_c-1) \end{bmatrix}$$

(4.63)

控制器的目标函数的表达式为

$$J\left[\xi(t) \quad u(t-1) \quad \Delta U(t)\right] = \sum_{i=1}^{N_p} \| \eta(t+i \mid t) - \eta_{\text{ref}}(t+i \mid t) \|_Q^2$$

$$+ \sum_{i=0}^{N_c-1} \| \Delta u(t+i \mid t) \|_R^2$$

(4.64)

目标函数的第一项的表达式为

$$\sum_{i=1}^{N_p} \| \eta(t+i\,|\,t) - \eta_{ref}(t+i\,|\,t) \|_Q^2 = [E(t) + \Theta_t \Delta U(t)]^T Q [E(t) + \Theta_t \Delta U(t)] \tag{4.65}$$

式中，$E(t) = \Psi_t \xi(t\,|\,t) - Y_{ref}(t)$；$Q$ 为误差权重值。

目标函数的第二项的表达式为

$$\sum_{i=0}^{N_c-1} \| \Delta u(t+i\,|\,t) \|_R^2 = \Delta U(t)^T R \Delta U(t) \tag{4.66}$$

式中，R 为控制量权重值。

经过相应的矩阵计算，可以将优化目标调整为

$$J\big[\xi(t)\ u(t-1)\ \Delta U(t)\big] = \frac{1}{2}\begin{bmatrix} \Delta U(t) \\ \varepsilon \end{bmatrix}^T H_t \begin{bmatrix} \Delta U(t) \\ \varepsilon \end{bmatrix}$$
$$+ G_t \begin{bmatrix} \Delta U(t) \\ \varepsilon \end{bmatrix} + P_t \left(\begin{bmatrix} A \\ B \end{bmatrix}^T = \begin{bmatrix} A^T & B^T \end{bmatrix} \right) \tag{4.67}$$

式中，$H_t = \begin{bmatrix} \Theta_t^T Q_e \Theta_t + R & 0_{mN_c \times 1} \\ 0_{1 \times mN_c} & \rho \end{bmatrix}$；$G_t = \begin{bmatrix} 2E(t)^T Q \Theta_t & 0 \end{bmatrix}$；$P_t = E(t)^T Q E(t)$。

3. 控制器约束

由于车辆的前轮转角受其机械特性的影响，其运动范围及变化速度是有限的，需要考虑控制量的取值极限、控制增量的变化范围等约束条件。同时输出的侧向位移也存在取值限制，不能无限变化，所以对输出量也应当进行相应的限制。在时刻 k 及其预测时域 N_p 内，控制量、控制增量及输出量的约束分别为 (u_{min}, u_{max})、$(\Delta u_{min}, \Delta u_{max})$ 和 (y_{min}, y_{max})。

如前所述，在基于 MPC 的车辆控制中，一般以控制增量为优化目标，所求解的变量是控制时域内的控制增量，所以约束条件也只能以控制增量的形式出现。由于目标函数已经建立了输出量与控制增量之间的关系，因此，需要对约束条件式上其余式子作相应变换。

因为

$$u(k+i) = u(k+i-1) + \Delta u(k+i) \tag{4.68}$$

设

$$U_t = I_{N_c} \otimes u(i-1) \tag{4.69}$$

$$A_{\mathrm{con}} = \begin{bmatrix} 1 & 0 & \cdots & \cdots & 0 \\ 1 & 1 & 0 & \cdots & 0 \\ 1 & 1 & 1 & \ddots & 0 \\ \vdots & \vdots & \ddots & \ddots & 0 \\ 1 & 1 & \cdots & 1 & 1 \end{bmatrix}_{N_c \times N_c} \otimes I_m \qquad (4.70)$$

式中，I_{N_c} 为行数为 N_c 的列向量；I_m 为维度为 m 的单位矩阵；$\otimes$ 为克罗内克积；$u(i-1)$ 为上一时刻的控制量。

结合上式，可将之前所设约束转换的表达式为

$$\begin{cases} U_{\min} \leqslant A_{\mathrm{con}}\Delta U + U_t \leqslant U_{\max} \\ \Delta U_{\min} \leqslant \Delta U \leqslant \Delta U_{\max} \\ Y_{\min} \leqslant Y(k) \leqslant Y_{\max} \end{cases}$$

4. 仿真试验分析

仿真工况为被控车辆进行双移线运动，超越障碍车辆后回到原本的车道。表 4.1 为 MPC 控制器的参数设置情况。

表 4.1　MPC 控制器参数设置情况(方法一)

参数	值	单位
I_z	2031.4	kg · m^2
m	1231	kg
a	1.04	m
b	1.56	m
C_f	61224	N/rad
C_r	42500	N/rad
N_p	25	——
N_c	2	——

搭建 Simulink-CarSim 仿真平台，对控制器进行验证。

首先进行轨迹规划，本仿真使用人工势场法获得规划轨迹，然后利用 MPC 控制器跟踪规划出的轨迹。

仿真结果如图 4.9 所示，控制器能够控制车辆沿着规划的轨迹运行。并且，车辆的速度和航向角变化稳定，横摆角速度在双移线完成之后能够较快地收敛变为 0。综上，该基于动力学的 MPC 控制器能够获得较好的控制效果。

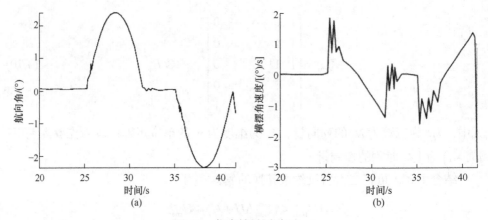

图 4.9　仿真结果图(方法一)

4.3.2　基于车辆运动学模型的 MPC 控制建模

1. 车辆运动学模型

车辆的运动学模型如图 4.10 所示。

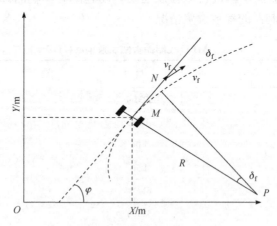

图 4.10　车辆运动学模型图(方法二)

在地面坐标系下，车辆的运动学方程的表达式为

$$\begin{cases} \dot{X} = v_1 \cos\varphi \\ \dot{Y} = v_1 \sin\varphi \\ \dot{\varphi} = \dfrac{v_1}{l_f + l_r} \tan\delta_f \end{cases}$$

综合上式可得

$$\dot{\chi}=\begin{bmatrix}\dot{X}\\\dot{Y}\\\dot{\varphi}\end{bmatrix}=\begin{bmatrix}\cos\varphi\\\sin\varphi\\\tan\delta_{\mathrm{f}}/l\end{bmatrix}v_{1} \tag{4.71}$$

式中，$\dot{X}$、$\dot{Y}$ 为车后轴中心坐标；φ 为车辆航向角；δ_{f} 为前轮偏角；v_1 为车辆质心处速度；$l_{\mathrm{f}}+l_{\mathrm{r}}$ 为车辆轴距 l，则系统可看成是一个输入 $u=\begin{bmatrix}v&\delta\end{bmatrix}^{\mathrm{T}}$，状态量为 $\dot{\chi}=\begin{bmatrix}x&y&\varphi\end{bmatrix}^{\mathrm{T}}$ 的控制系统，得到一般形式的表达式为

$$\dot{\chi}=f(\chi,u) \tag{4.72}$$

2. 车辆运动学模型的 MPC 控制器设计

在给定轨迹的情况下，其表达式为

$$\dot{\chi}_a=f(\chi_a,u_a) \tag{4.73}$$

式中，a 为参考轨迹中的各参考点。对上式进行参考点的泰勒展开，并与原式相减得

$$\dot{\tilde{\chi}}=\begin{bmatrix}\dot{x}-\dot{x}_a\\\dot{y}-\dot{y}_a\\\dot{\phi}-\dot{\phi}_a\end{bmatrix}=\begin{bmatrix}0&0&-v_a\sin\phi_a\\0&0&v_a\cos\phi_a\\0&0&0\end{bmatrix}\begin{bmatrix}x-x_a\\y-y_a\\\phi-\phi_a\end{bmatrix}+\begin{bmatrix}\cos\phi_a&0\\\sin\phi_a&0\\\dfrac{\tan\delta_a}{l}&\dfrac{v_a}{l\cos\delta_a^2}\end{bmatrix}\begin{bmatrix}v-v_a\\\delta-\delta_a\end{bmatrix} \tag{4.74}$$

为了模型预测控制，需将上式进行离散化处理，设 t 为采样时间，则得到离散化的车辆运动学模型的表达式为

$$\tilde{\chi}(k+1)=A_{k,t}\tilde{\chi}(k)+B_{k,t}\tilde{u}(k) \tag{4.75}$$

式中，$A_{k,t}=\begin{bmatrix}1&0&-v_a\sin\varphi_a t\\0&1&v_a\cos\varphi_a t\\0&0&1\end{bmatrix}$；$B_{k,t}=\begin{bmatrix}\cos\varphi_a t&0\\\sin\varphi_a t&0\\\dfrac{\tan\delta_a t}{l}&\dfrac{v_a t}{l\cos^2\delta_a}\end{bmatrix}$。

基于模型预测控制原理要求，对已规划或者参考轨迹进行跟踪控制，故需构建目标函数。为了使得在智能车辆的跟随过程中路径误差最小，目标函数应考虑实际输出轨迹与参考轨迹之间的偏差，同时，为了保证无人驾驶车辆能平稳地追踪期望轨迹，需要加入对系统控制量及控制增量的优化。综上所述，目标函数的表达式为

$$J(k) = \sum_{i=1}^{N_p} \| Y(k+i|k) - Y_r(k+i|k) \|_{Q_1(i)}^2 + \sum_{i=1}^{N_p} \| \varphi(k+i|k) - \varphi_r(k+i|k) \|_{Q_2(i)}^2$$
$$+ \sum_{i=1}^{N_c-1} \| \Delta\delta(k+i|k) \|_{R(i)}^2 \tag{4.76}$$

式中，N_p 为预测时域；N_c 为控制时域；$Q_1(i)$、$Q_2(i)$、$R(i)$ 为权重矩阵，可以反映各项优化指标在整体优化目标的权重。目标函数第一项代表惯性坐标系下车辆位置与参考轨迹之间的横向偏差；第二项表示车辆横摆角与参考轨迹曲率之间的偏差；第三项表示前轮转角的变化率。目标函数前两项保证了实际轨迹与参考轨迹的偏差最小，第三项保证了车辆行驶过程中的平稳性。

类似下列式形式的目标函数使得控制目标看上去十分清晰明了，然而，在标准二次规划中，只允许存在一个 n 维的向量 x，其表达式为

$$\min \frac{1}{2} x^T H x + c^T x \tag{4.77}$$

$$\min \frac{1}{2} x^T H x + c^T x, \ \ \text{s.t} \ \begin{cases} A_{eq} x = b_{eq} \\ A x \geqslant b \end{cases} \tag{4.78}$$

在基于 MPC 的车辆控制中，一般以控制增量为优化目标，这样可以保证控制量不出现突变，从而确保被控系统的稳定性。因此，需要对预测模型作相应的变换，以同时满足目标函数和标准二次规划形式的要求。

定义新的系统状态变量：

$$\xi(k) = \begin{bmatrix} x_2(k) \\ u_2(k-1) \end{bmatrix} \tag{4.79}$$

则

$$\xi(k_{+1}) = \begin{bmatrix} x_2(k_{+1}) \\ u_2(k) \end{bmatrix} = \begin{bmatrix} A_{k,t} x_2(k) + B_{k,t} u_2(k) \\ u_1(k-1) + \Delta u_2(k) \end{bmatrix}$$
$$= \begin{bmatrix} A_{k,t} x_2(k) + B_{k,t} u_2(k-1) + B_{k,t} \Delta u_2(k) \\ u_2(k-1) + \Delta u_2(k) \end{bmatrix}$$
$$= \begin{bmatrix} A_{k,t} x_2(k) + B_{k,t} u_2(k-1) \\ u_2(k-1) \end{bmatrix} + \begin{bmatrix} B_{k,t} \Delta u_2(k) \\ \Delta u_2(k) \end{bmatrix}$$
$$= \begin{bmatrix} A_{k,t} & B_{k,t} \\ 0_{m\times n} & I_m \end{bmatrix} \begin{bmatrix} x_2(k) \\ u_2(k-1) \end{bmatrix} + \begin{bmatrix} B_{k,t} \\ I_m \end{bmatrix} \Delta u_2(k)$$
$$= \tilde{A}\xi(k) + \tilde{B}\Delta u_2(k)$$

式中，n 为状态量维度；m 为控制量维度。结合模型上述运动学模型，得到新的

状态空间模型为

$$\xi(k+1) = \tilde{A}\xi(k) + \tilde{B}\Delta u_2(k) \tag{4.80}$$

$$\eta(k) = \tilde{C}\xi(k) \tag{4.81}$$

式中，$C = \begin{bmatrix} 0 & 0 & 1 & 0 & 0 \\ 0 & 0 & 0 & 1 & 0 \end{bmatrix}$。

为简化运算，假设在预测时域 N_p 内有

$$A_{k+i,t} = A_{k,t}, \quad B_{k+i,t} = B_{k,t}, \quad i = 1,2,\cdots,N_p$$

则

$$\xi(k+2) = \tilde{A}\xi(k+1) + \tilde{B}\Delta u_2(k+1) - \tilde{A}^2\xi(k+1) + \tilde{A}\tilde{B}\Delta u_2(k) + \tilde{B}\Delta u_2(k+1)$$

$$\xi(k+3) = \tilde{A}\xi(k+2) + \tilde{B}\Delta u_2(k+2) = \tilde{A}^3\xi(k) + \tilde{A}^2\tilde{B}\Delta u_2(k) + \tilde{A}\tilde{B}\Delta u_2(k+1) + \tilde{B}\Delta u_2(k+2)$$

$$\vdots$$

$$\xi(k+N_c) = \tilde{A}^{N_c}\xi(k) + \tilde{A}^{N_c-1}\tilde{B}\Delta u(k) + \cdots + \tilde{A}\tilde{B}\Delta u(k+N_c-2) + \tilde{B}\Delta u(k+N_c-1)$$

$$\vdots$$

$$\xi(k+N_p) = \tilde{A}^{N_p}\xi(k) + \tilde{A}^{N_p-1}\tilde{B}\Delta u(k) + \cdots + \tilde{A}^{N_p-N_c+1}\tilde{B}\Delta u(k+N_c-2)$$
$$+ \tilde{A}^{N_p-N_c}\tilde{B}\Delta u(k+N_c-1) \tag{4.82}$$

将所有的输出方程构造成一个列矩阵，令

$$\begin{bmatrix} \eta(k+1) \\ \eta(k+2) \\ \vdots \\ \eta(k+N_c) \\ \vdots \\ \eta(k+N_p) \end{bmatrix} = \begin{bmatrix} \tilde{C}\xi(k+1) \\ \tilde{C}\xi(k+2) \\ \vdots \\ \tilde{C}\xi(k+N_c) \\ \vdots \\ \tilde{C}\xi(k+N_p) \end{bmatrix} = Y(k) \tag{4.83}$$

则

$$Y(k) = \begin{bmatrix} \tilde{C}\tilde{A} \\ \tilde{C}\tilde{A}^2 \\ \vdots \\ \tilde{C}\tilde{A}^{N_c} \\ \vdots \\ \tilde{C}\tilde{A}^{N_p} \end{bmatrix} \xi(k) + \begin{bmatrix} \tilde{C}\tilde{B} & 0 & 0 & 0 \\ \tilde{C}\tilde{A}\tilde{B} & \tilde{C}\tilde{B} & 0 & 0 \\ \vdots & \vdots & & \vdots \\ \tilde{C}\tilde{A}^{N_c-1}\tilde{B} & \tilde{C}\tilde{A}^{N_c-2}\tilde{B} & \cdots & \tilde{C}\tilde{B} \\ \vdots & \vdots & & \vdots \\ \tilde{C}\tilde{A}^{N_p-1}\tilde{B} & \tilde{C}\tilde{A}^{N_p-2}\tilde{B} & \cdots & \tilde{C}\tilde{A}^{N_p-N_c}\tilde{B} \end{bmatrix} \begin{bmatrix} \Delta u(k) \\ \Delta u(k+1) \\ \vdots \\ \Delta u(k+N_c-1) \end{bmatrix}$$

$$\tag{4.84}$$

令

$$\Psi_k = \begin{bmatrix} \tilde{C}\tilde{A} \\ \tilde{C}\tilde{A}^2 \\ \vdots \\ \tilde{C}\tilde{A}^{N_c} \\ \vdots \\ \tilde{C}\tilde{A}^{N_p} \end{bmatrix}, \Theta_k = \begin{bmatrix} \tilde{C}\tilde{B} & 0 & 0 & 0 \\ \tilde{C}\tilde{A}\tilde{B} & \tilde{C}\tilde{B} & 0 & 0 \\ \vdots & \vdots & & \vdots \\ \tilde{C}\tilde{A}^{N_c-1}\tilde{B} & \tilde{C}\tilde{A}^{N_c-2}\tilde{B} & \cdots & \tilde{C}\tilde{B} \\ \tilde{C}\tilde{A}^{N_c}\tilde{B} & \tilde{C}\tilde{A}^{N_c-1}\tilde{B} & \cdots & \tilde{C}\tilde{A}\tilde{B} \\ \vdots & \vdots & & \vdots \\ \tilde{C}\tilde{A}^{N_p-1}\tilde{B} & \tilde{C}\tilde{A}^{N_p-2}\tilde{B} & \cdots & \tilde{C}\tilde{A}^{N_p-N_c-1}\tilde{B} \end{bmatrix}, \quad \Delta U(k) = \begin{bmatrix} \Delta u(k) \\ \Delta u(k+1) \\ \vdots \\ \Delta u(k+N_c) \end{bmatrix}$$

则

$$Y(k) = \Psi_k \xi(k) + \Theta_k \Delta U(k) \tag{4.85}$$

此时，原目标函数转换为

$$J(k) = \sum_{i=1}^{N_p} \| \eta(k+i\,|\,k) - \eta_{\mathrm{ref}}(k+i\,|\,k) \|_Q^2 + \sum_{i=0}^{N_c-1} \| \Delta u(k+i\,|\,k) \|_R^2 \tag{4.86}$$

参见 4.3.1 节论述。

3. 仿真试验分析

仿真工况为被控车辆进行双移线运动，超越障碍车辆后回到原本的车道。表 4.2 为 MPC 控制器的参数设置情况。

表 4.2　MPC 控制器参数设置情况(方法二)

参数	值	单位
m	1231	kg
a	1.04	m
b	1.56	m
N_p	25	——
N_c	2	——

搭建 Simulink-CarSim 仿真平台，对控制器进行验证。

首先进行轨迹规划，本仿真使用人工势场法获得规划轨迹，然后用 MPC 控制器对轨迹进行跟踪。

仿真结果如图 4.11 所示，控制器能够控制车辆沿着规划的轨迹运行。相较于基于车辆动力学模型的 MPC，基于运动学的 MPC 控制器控制的稳定性和快速性较差。

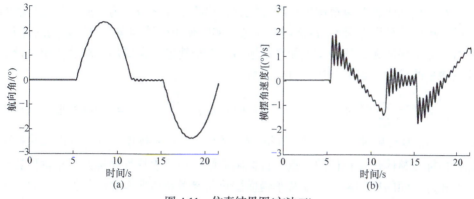

图 4.11　仿真结果图(方法二)

4.3.3　基于指数权重 MPC 算法的车辆控制器设计与建模仿真分析

这一节将指数权重的思想运用到 MPC 控制器之中。Wang[42]最早利用指数权重的思想改进了 LQR 控制算法。在 MPC 控制器中，指数权重是引入系数 $\alpha^{-j}(j=1,2,\cdots,N_p)$ 调整目标函数中状态和控制变量的权重。当 $\alpha>1$ 时，目标函数中当前状态和控制量的权重比将来时刻的大，为指数衰减权重。$\alpha<1$ 时，目标函数中当前状态和控制量的权重比将来时刻的小，为指数增加权重。

1. 指数衰减权重

由于 MPC 控制器中，预测的 N_c 个控制量中只有将来第一个控制量会运用到被控系统之中，因此指数衰减权重更适合该类控制。

有指数衰减权重的离散 MPC 控制器的目标函数的表达式为

$$j = \sum_{j=1}^{N_p} \alpha^{-2j} x(k_i+j|k_i)^T Q x(k_i+j|k_i) + \sum_{j=0}^{N_p} \alpha^{-2j} \Delta u(k_i+j)^T R \Delta u(k_i+j) \quad (4.87)$$

式中，随着 j 的增大，$-2j(j=1,2,\cdots,N_p)$ 的值减小，因此，目标函数中当前状态和控制量的权重要大于将来状态的权重。

2. 基于指数衰减权重 MPC 算法的车辆控制器设计

利用上节推导出的车辆运动学模型作为结合指数衰减权重 MPC 算法设计车辆的控制器。由上节可知离散化的车辆运动学模型的表达式为

$$\tilde{\chi}(k+1) = A_{k,t}\tilde{\chi}(k) + B_{k,t}\tilde{u}(k) \quad (4.88)$$

式中，$A_{k,t} = \begin{bmatrix} 1 & 0 & -v_a\sin\varphi_a t \\ 0 & 1 & v_a\cos\varphi_a t \\ 0 & 0 & 1 \end{bmatrix}$；$B_{k,t} = \begin{bmatrix} \cos\varphi_a t & 0 \\ \sin\varphi_a t & 0 \\ \dfrac{\tan\delta_a t}{l} & \dfrac{v_a t}{l\cos^2\delta_a} \end{bmatrix}$。

对已规划或者参考轨迹进行跟踪控制，构建目标函数。为了使在智能车辆的跟随过程中路径误差最小，目标函数应考虑实际输出轨迹与参考轨迹之间的偏差，同时，为了保证无人驾驶车辆能平稳地追踪期望轨迹，需要加入对系统控制量及控制增量的优化。综上所述，目标函数为

$$J(k) = \sum_{i=1}^{N_p} \alpha^{-2i} \| Y(k+i|k) - Y_r(k+i|k) \|_{Q(i)}^2 + \sum_{i=0}^{N_c-1} \alpha^{-2i} \| \Delta u(k+i|k) \|_{R(i)}^2 \quad (4.89)$$

式中，N_p 为预测时域；N_c 为控制时域；$Q(i)$、$R(i)$ 为权重矩阵，可以反映各项优化指标在整体优化目标的权重。目标函数第一项代表惯性坐标系下车辆位置与参考轨迹之间的横向偏差，以及车辆横摆角与参考轨迹曲率之间的偏差；第二项表示前轮转角的变化率。目标函数第一项保证了实际轨迹与参考轨迹的偏差最小，第二项保证了车辆行驶过程中的平稳性。

在基于 MPC 的车辆控制中，一般以控制增量为优化目标，这样可以保证控制量不出现突变，从而确保被控系统的稳定性。因此，需要对预测模型作相应的变换，以同时满足目标函数和标准二次规划形式的要求。

定义新的系统状态变量

$$\xi(k) = \begin{bmatrix} x_2(k) \\ u_2(k-1) \end{bmatrix} \quad (4.90)$$

则

$$\begin{aligned}
\xi(k+1) &= \begin{bmatrix} x_2(k+1) \\ u_2(k) \end{bmatrix} = \begin{bmatrix} A_{k,t} x_2(k) + B_{k,t} u_2(k) \\ u_1(k-1) + \Delta u_2(k) \end{bmatrix} \\
&= \begin{bmatrix} A_{k,t} x_2(k) + B_{k,t} u_2(k-1) + B_{k,t} \Delta u_2(k) \\ u_2(k-1) + \Delta u_2(k) \end{bmatrix} \\
&= \begin{bmatrix} A_{k,t} x_2(k) + B_{k,t} u_2(k-1) \\ u_2(k-1) \end{bmatrix} + \begin{bmatrix} B_{k,t} \Delta u_2(k) \\ \Delta u_2(k) \end{bmatrix} \\
&= \begin{bmatrix} A_{k,t} & B_{k,t} \\ 0_{m\times n} & I_m \end{bmatrix} \begin{bmatrix} x_2(k) \\ u_2(k-1) \end{bmatrix} + \begin{bmatrix} B_{k,t} \\ I_m \end{bmatrix} \Delta u_2(k) \\
&= \tilde{A}\xi(k) + \tilde{B}\Delta u_2(k)
\end{aligned} \quad (4.91)$$

式中，n 为状态量维度；m 为控制量维度。结合模型上述运动学模型，得到空间模型的表达式为

$$\xi(k+1) = \tilde{A}\xi(k) + \tilde{B}\Delta u_2(k) \quad (4.92)$$

$$\eta(k) = \tilde{C}\xi(k) \quad (4.93)$$

式中，$C = \begin{bmatrix} 0 & 0 & 1 & 0 & 0 \\ 0 & 0 & 0 & 1 & 0 \\ 0 & 0 & 0 & 0 & 1 \end{bmatrix}$。

令控制量为

$$\Delta U^{\mathrm{T}} = \begin{bmatrix} \Delta u(k)^{\mathrm{T}} & \Delta u(k+1)^{\mathrm{T}} & \Delta u(k+2)^{\mathrm{T}} & \cdots & \Delta u(k+N_{\mathrm{c}}-1)^{\mathrm{T}} \end{bmatrix} \qquad (4.94)$$

状态量为

$$X = \begin{bmatrix} \xi(k)^{\mathrm{T}} & \xi(k+1)^{\mathrm{T}} & \xi(k+2)^{\mathrm{T}} & \cdots & \xi(k+N_{\mathrm{p}})^{\mathrm{T}} \end{bmatrix} \qquad (4.95)$$

引入指数权重系数则，状态变量变为

$$\overline{X}^{\mathrm{T}} = \begin{bmatrix} \alpha^0 \xi(k)^{\mathrm{T}} & \alpha^1 \xi(k+1)^{\mathrm{T}} & \alpha^2 \xi(k+2)^{\mathrm{T}} & \cdots & \alpha^{N_{\mathrm{p}}} \xi(k+N_{\mathrm{p}})^{\mathrm{T}} \end{bmatrix} \qquad (4.96)$$

则目标函数变为

$$\overline{J} = \sum_{j=1}^{N_{\mathrm{p}}} \overline{\xi}(k+j|k)^{\mathrm{T}} Q \overline{\xi}(k+j|k)^{\mathrm{T}} + \sum_{j=0}^{N_{\mathrm{c}}} \Delta \overline{u}(k+j)^{\mathrm{T}} R \Delta \overline{u}(k+j)$$

状态方程变为

$$\overline{\xi}(k+j+1|k) = \frac{\tilde{A}}{\alpha} \overline{\xi}(k+j) + \frac{\tilde{B}}{\alpha} \Delta \overline{u}(k+j) \qquad (4.97)$$

为简化运算，假设在预测时域 N_{p} 内有

$$A_{k+i,t} = A_{k,t}, \quad B_{k+i,t} = B_{k,t}, \quad i = 1,2,\cdots,N_{\mathrm{p}}$$

则

$$\overline{\xi}(k+1) = \frac{\tilde{A}}{\alpha} \overline{\xi}(k) + \frac{\tilde{B}}{\alpha} \Delta \overline{u}(k)$$

$$\overline{\xi}(k+2) = \frac{\tilde{A}}{\alpha} \overline{\xi}(k+1) + \frac{\tilde{B}}{\alpha} \Delta \overline{u}(k+1) = \frac{\tilde{A}^2}{\alpha^2} \overline{\xi}(k) + \frac{\tilde{A}\tilde{B}}{\alpha^2} \Delta \overline{u}(k) + \frac{\tilde{B}}{\alpha} \Delta \overline{u}(k+1)$$

$$\xi(k+3) = \frac{\tilde{A}}{\alpha} \xi(k+2) + \frac{\tilde{B}}{\alpha} \Delta u(k+2) = \frac{\tilde{A}^3}{\alpha^3} \xi(k) + \frac{\tilde{A}^2\tilde{B}}{\alpha^3} \Delta u(k) + \frac{\tilde{A}\tilde{B}}{\alpha^2} \Delta u(k+1) + \frac{\tilde{B}}{\alpha} \Delta u(k+2)$$

$$\vdots$$

$$\xi(k+N_{\mathrm{c}}) = \frac{\tilde{A}^{N_{\mathrm{c}}}}{\alpha^{N_{\mathrm{c}}}} \xi(k) + \frac{\tilde{A}^{N_{\mathrm{c}}-1}\tilde{B}}{\alpha^{N_{\mathrm{c}}}} \Delta u(k) + \cdots + \frac{\tilde{A}\tilde{B}}{\alpha^2} \Delta u(k+N_{\mathrm{c}}-2) + \frac{\tilde{B}}{\alpha} \Delta u(k+N_{\mathrm{c}}-1)$$

$$\vdots$$

$$\xi\left(k+N_{\mathrm{p}}\right)=\frac{\tilde{A}^{N_{\mathrm{p}}}}{\alpha^{N_{\mathrm{p}}}}\xi(k)+\frac{\tilde{A}^{N_{\mathrm{p}}-1}\tilde{B}}{\alpha^{N_{\mathrm{p}}}}\Delta u(k)+\cdots+\frac{\tilde{A}^{N_{\mathrm{p}}-N_{\mathrm{c}}}\tilde{B}}{\alpha^{N_{\mathrm{p}}-N_{\mathrm{c}}+1}}\Delta u\left(k+N_{\mathrm{c}}-2\right)$$

$$+\frac{\tilde{A}^{N_{\mathrm{p}}-N_{\mathrm{c}}-1}\tilde{B}}{\alpha^{N_{\mathrm{p}}-N_{\mathrm{c}}}}\Delta u\left(k+N_{\mathrm{c}}-1\right) \tag{4.98}$$

$$\begin{bmatrix} \eta(k+1) \\ \eta(k+2) \\ \vdots \\ \eta(k+N_{\mathrm{c}}) \\ \vdots \\ \eta(k+N_{\mathrm{p}}) \end{bmatrix} = \begin{bmatrix} \tilde{C}\xi(k+1) \\ \tilde{C}\xi(k+2) \\ \vdots \\ \tilde{C}\xi(k+N_{\mathrm{c}}) \\ \vdots \\ \tilde{C}\xi(k+N_{\mathrm{p}}) \end{bmatrix} = Y(k) \tag{4.99}$$

则

$$Y(k)=\begin{bmatrix} \dfrac{\tilde{C}\tilde{A}}{\alpha} \\ \dfrac{\tilde{C}\tilde{A}^2}{\alpha^2} \\ \vdots \\ \dfrac{\tilde{C}\tilde{A}^{N_{\mathrm{c}}}}{\alpha^{N_{\mathrm{c}}}} \\ \vdots \\ \tilde{C}\tilde{A}^{N_{\mathrm{p}}} \end{bmatrix}\xi(k)+\begin{bmatrix} \dfrac{\tilde{C}\tilde{B}}{\alpha} & 0 & 0 & 0 \\ \dfrac{\tilde{C}\tilde{A}\tilde{B}}{\alpha^2} & \dfrac{\tilde{C}\tilde{B}}{\alpha} & 0 & 0 \\ \vdots & \vdots & & \vdots \\ \dfrac{\tilde{C}\tilde{A}^{N_{\mathrm{c}}-1}\tilde{B}}{\alpha^{N_{\mathrm{c}}}} & \dfrac{\tilde{C}\tilde{A}^{N_{\mathrm{c}}-2}\tilde{B}}{\alpha^{N_{\mathrm{c}}-1}} & \cdots & \dfrac{\tilde{C}\tilde{B}}{\alpha} \\ \vdots & \vdots & & \vdots \\ \dfrac{\tilde{C}\tilde{A}^{N_{\mathrm{p}}-1}\tilde{B}}{\alpha^{N_{\mathrm{p}}}} & \dfrac{\tilde{C}\tilde{A}^{N_{\mathrm{p}}-2}\tilde{B}}{\alpha^{N_{\mathrm{p}}-1}} & \cdots & \dfrac{\tilde{C}\tilde{A}^{N_{\mathrm{p}}-N_{\mathrm{c}}-1}\tilde{B}}{\alpha^{N_{\mathrm{p}}-N_{\mathrm{c}}}} \end{bmatrix}\begin{bmatrix} \Delta u(k) \\ \Delta u(k+1) \\ \vdots \\ \Delta u(k+N_{\mathrm{c}}-1) \end{bmatrix} \tag{4.100}$$

令

$$\Psi_k=\begin{bmatrix} \dfrac{\tilde{C}\tilde{A}}{\alpha} \\ \dfrac{\tilde{C}\tilde{A}^2}{\alpha^2} \\ \vdots \\ \dfrac{\tilde{C}\tilde{A}^{N_{\mathrm{c}}}}{\alpha^{N_{\mathrm{c}}}} \\ \vdots \\ \tilde{C}\tilde{A}^{N_{\mathrm{p}}} \end{bmatrix}, \quad \Theta_k=\begin{bmatrix} \dfrac{\tilde{C}\tilde{B}}{\alpha} & 0 & 0 & 0 \\ \dfrac{\tilde{C}\tilde{A}\tilde{B}}{\alpha^2} & \dfrac{\tilde{C}\tilde{B}}{\alpha} & 0 & 0 \\ \vdots & \vdots & & \vdots \\ \dfrac{\tilde{C}\tilde{A}^{N_{\mathrm{c}}-1}\tilde{B}}{\alpha^{N_{\mathrm{c}}}} & \dfrac{\tilde{C}\tilde{A}^{N_{\mathrm{c}}-2}\tilde{B}}{\alpha^{N_{\mathrm{c}}-1}} & \cdots & \dfrac{\tilde{C}\tilde{B}}{\alpha} \\ \vdots & \vdots & & \vdots \\ \dfrac{\tilde{C}\tilde{A}^{N_{\mathrm{p}}-1}\tilde{B}}{\alpha^{N_{\mathrm{p}}}} & \dfrac{\tilde{C}\tilde{A}^{N_{\mathrm{p}}-2}\tilde{B}}{\alpha^{N_{\mathrm{p}}-1}} & \cdots & \dfrac{\tilde{C}\tilde{A}^{N_{\mathrm{p}}-N_{\mathrm{c}}-1}\tilde{B}}{\alpha^{N_{\mathrm{p}}-N_{\mathrm{c}}}} \end{bmatrix}, \quad \Delta U(k)=\begin{bmatrix} \Delta u(k) \\ \Delta u(k+1) \\ \vdots \\ \Delta u(k+N_{\mathrm{c}}-1) \end{bmatrix} \tag{4.101}$$

则

$$Y(k) = \Psi_k \xi(k) + \Theta_k \Delta U(k) \tag{4.102}$$

控制器的目标函数表达式为

$$J\left[\xi(t) \quad u(t-1) \quad \Delta U(t)\right] = \sum_{i=1}^{N_p} \| \eta(t+i \mid t) - \eta_{\text{ref}}(t+i \mid t) \|_Q^2$$
$$+ \sum_{i=0}^{N_c-1} \| \Delta u(t+i \mid t) \|_R^2 \tag{4.103}$$

目标函数的第一项的表达式为

$$\sum_{i=1}^{N_p} \| \eta(t+i \mid t) - \eta_{\text{ref}}(t+i \mid t) \|_Q^2 = [E(t) + \Theta_t \Delta U(t)]^{\text{T}} Q [E(t) + \Theta_t \Delta U(t)]$$

式中，$E(t) = \Psi_t \xi(t \mid t) - Y_{\text{ref}}(t)$；$Q$ 为误差权重值。

目标函数第二项的表达式为

$$\sum_{i=0}^{N_c-1} \| \Delta u(t+i \mid t) \|_R^2 = \Delta U(t)^{\text{T}} R \Delta U(t) \tag{4.104}$$

式中，R 为控制量权重值。

经过相应的矩阵计算，可以将优化目标调整为

$$J\left[\xi(t) \quad u(t-1) \quad \Delta U(t)\right] = \frac{1}{2} \begin{bmatrix} \Delta U(t) \\ \varepsilon \end{bmatrix}^{\text{T}} H_t \begin{bmatrix} \Delta U(t) \\ \varepsilon \end{bmatrix}$$
$$+ G_t \begin{bmatrix} \Delta U(t) \\ \varepsilon \end{bmatrix} + P_t \left(\begin{bmatrix} A \\ B \end{bmatrix}^{\text{T}} = \begin{bmatrix} A^{\text{T}} & B^{\text{T}} \end{bmatrix} \right) \tag{4.105}$$

式中，$H_t = \begin{bmatrix} \Theta_t^{\text{T}} Q_e \Theta_t + R & 0_{mN_c \times 1} \\ 0_{1 \times mN_c} & \rho \end{bmatrix}$；$G_t = \begin{bmatrix} 2E(t)^{\text{T}} Q \Theta_t & 0 \end{bmatrix}$；$P_t = E(t)^{\text{T}} Q E(t)$。

参见 4.3.1 节论述。

3. 仿真试验分析

仿真工况为被控车辆进行双移线运动，超越障碍车辆后回到原本的车道。表 4.3 为参数设置情况。

表 4.3　参数设置情况(方法三)

参数	值	单位
I_z	2031.4	$kg \cdot m^2$
m	1231	kg
a	1.04	m
b	1.56	m
C_f	61224	N/rad
C_r	42500	N/rad
N_p	25	——
N_c	2	——

　　搭建 Simulink-CarSim 仿真平台，对控制器进行验证。图 4.12 为 CarSim 车辆模型参数。

　　仿真结果如图 4.13 所示，控制器能够控制车辆沿着规划的轨迹运行。并且，车辆的速度和航向角变化稳定，横摆角速度在双移线完成之后能够较快地收敛为 0。综上，该基于动力学的 MPC 控制器能够获得较好的控制效果。

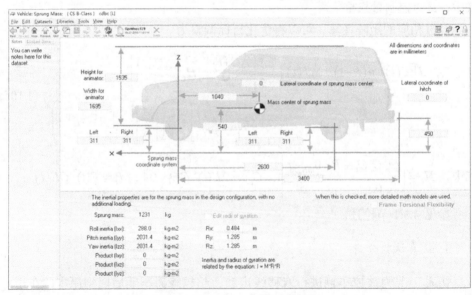

图 4.12　CarSim 车辆模型参数

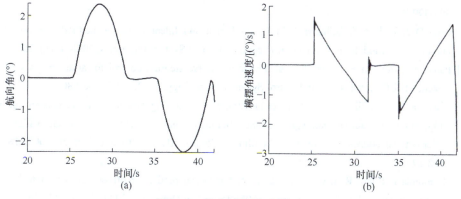

图 4.13　仿真结果图(方法三)

4.4　本章小结

本章以智能车辆运动控制为基础，从基于规则的方法进行车辆控制器的设计说明。基于规则 PID 部分，首先从原理层面解释 PID 控制。而后基于 ITAE 准则，快速有效地确定 PID 的积分、微分和比例环节的系数。再者设计纵、横向 PID 控制器，控制车辆沿着规划好的轨迹运动，在 Matlab 平台进行控制器的仿真验证。基于规则 MPC 部分，首先建立车辆动力学和车辆运动学模型，在模型基础上进行 MPC 控制器设计，约束条件设计，最后在 Matlab 平台进行控制器的仿真验证。

参 考 文 献

[1] 陈虹. 模型预测控制. 北京: 科学出版社, 2013.

[2] Chen H. A quasi-infinite horizon nonlinear model predictive control scheme with guaranteed stability. Automatica, 1998, 34(10): 1205-1217.

[3] Hrovat D, Stefano S D, Tseng H E, et al. The development of model predictive control in automotive industry: A survey. IEEE International Conference on Control Applications, Dubrovnik, 2012.

[4] Yang W, Boyd S. Fast model predictive control using online optimization. IEEE Transactions on Control Systems Technology, 2010, 18(2): 267-278.

[5] Ungoren A Y, Peng H. An adaptive lateral preview driver model. Vehicle System Dynamics, 2005, 43(4): 245-259.

[6] Macadam C C. An optimal preview control for linear systems. Journal of Dynamic Systems Measurement & Control, 1980, 102(3): 188.

[7] Macadam C C, Charles C. Application of an optimal preview control for simulation of closed-loop automobile driving. IEEE Transactions on Systems Man & Cybernetics, 2007, 11(6):

393-399.

[8] Cole D J, Pick A J, Odhams A M C. Predictive and linear quadratic methods for potential application to modelling driver steering control. Vehicle System Dynamics, 2006, 44(3): 259-284.

[9] Falcone P, Borrelli F, Asgari J, et al. Predictive active steering control for autonomous vehicle systems. IEEE Transactions on Control Systems Technology, 2007, 15(3): 566-580.

[10] Falcone P, Borrelli F, Tseng H E, et al. Linear time-varying model predictive control and its application to active steering systems: Stability analysis and experimental validation. International Journal of Robust & Nonlinear Control: IFAC-Affiliated Journal, 2008, 18(8): 862-875.

[11] Symonds P, Sharp R S, Casanova D. A mathematical model for driver steering control, with design, tuning and performance results. Vehicle System Dynamics, 2000, 33(5): 289-326.

[12] Macadam C . Development of a driver model for near/ at limit vehicle handling. The University of Michigan Transportation Research Institute, Ann Arbor, 2001.

[13] Keen S D, Cole D J. Application of time-variant predictive control to modelling driver steering skill. Vehicle System Dynamics, 2011, 49(4): 527-559.

[14] Keen S D, Cole D J. Bias-free identification of a linear model-predictive steering controller from measured driver steering behavior. IEEE Transactions on Systems Man & Cybernetics Part B, 2012, 42(2): 434-443.

[15] Kothare M V, Balakrishnan V, Morari M. Robust constrained model predictive control using linear matrix inequalities. Automatica, 1996, 32(10): 1361-1379.

[16] Yang H H, Peng H. Development of an errorable car-following driver model. Vehicle System Dynamics, 2010, 48(6): 751-773.

[17] Krauss S, Wagner P, Gawron C. Continuous limit of the nagel-schreckenberg model. Physical Review E Statal Physics Plasmas Fluids & Related Interdiplinary Topics, 1996, 54(4): 3707.

[18] Ripaccioli G, Bernardini D, Cairano S D, et al. A stochastic model predictive control approach for series hybrid electric vehicle power management. American Control Conference, Baltimore, 2010.

[19] Bernardini D, Bemporad A. Stabilizing model predictive control of stochastic constrained linear systems. IEEE Transactions on Automatic Control, 2012, 57(6): 1468-1480.

[20] Feng D, Huang D, Li D. Stochastic model predictive energy management for series hydraulic hybrid vehicle. IEEE International Conference on Mechatronics and Automation, Beijing, 2011.

[21] Bemporad A, Gabbriellini T, Puglia L, et al. Scenario-based stochastic model predictive control for dynamic option hedging. The 49th IEEE Conference on Decision and Control, Atlanta, 2010.

[22] Bemporad A, Puglia L, Gabbriellini T. A stochastic model predictive control approach to dynamic option hedging with transaction costs. American Control Conference, San Francisco, 2011.

[23] Oldewurtel F, Parisio A, Jones C N, et al. Energy efficient building climate control using stochastic model predictive control and weather predictions. American Control Conference, Baltimore, 2010.

[24] Ma Y, Vichik S, Borrelli F. Fast stochastic MPC with optimal risk allocation applied to building control systems. The 51st IEEE Conference on Decision & Control, Honolulu, 2012.

[25] Cairano S D, Bernardini D, Bemporad A, et al. Stochastic MPC with learning for driver-predictive vehicle control and its application to HEV energy management. IEEE Transactions on Control Systems Technology, 2014, 22(3): 1018-1031.

[26] Bichi M, Ripaccioli G, Cairano S D, et al. Stochastic model predictive control with driver behavior learning for improved powertrain control. The 49th IEEE Conference on Decision and Control, Atlanta, 2010.

[27] 席裕庚, 李德伟, 林妹. 模型预测控制——现状与挑战. 自动化学报, 2013, 39(3): 222-236.

[28] Cannon M, Kouvaritakis B, Wu X. Model predictive control for systems with stochastic multiplicative uncertainty and probabilistic constraints. Automatica, 2009, 45(1): 167-172.

[29] Yang S, Kok K T, Tong H L. Comments on "Model predictive control for systems with stochastic multiplicative uncertainty and probabilistic constraints". Automatica, 2011, 47(2): 427-428.

[30] Cannon M, Kouvaritakis B, Wu X. Probabilistic constrained MPC for multiplicative and additive stochastic uncertainty. IEEE Transactions on Automatic Control, 2009, 54(7): 1626-1632.

[31] Cannon M, Kouvaritakis B, Ng D. Probabilistic tubes in linear stochastic model predictive control. Systems & Control Letters, 2009, 58(10): 747-753.

[32] Farina M, Giulioni L, Magni L, et al. A probabilistic approach to model predictive control. The 52th IEEE Conference on Decision and Control, Firenze, 2013.

[33] Farina M, Giulioni L, Magni L, et al. Output feedback model predictive control: A probabilistic approach. IFAC Proceedings Volumes, 2014, 47(3): 7461-7466.

[34] Wang C, Ong C J, Sim M. Constrained linear system with disturbance: Convergence under disturbance feedback. Automatica, 2008, 44(10): 2583-2587.

[35] Wang C, Ong C J, Sim M. Convergence properties of constrained linear system under MPC control law using affine disturbance feedback. Automatica, 2009, 45(7): 1715-1720.

[36] Wang C, Ong C J, Sim M. Model predictive control using segregated disturbance feedback. IEEE Transactions on Automatic Control, 2010, 55(4): 831-840.

[37] Brogan W. Modern Control Theory. Delhi: Pearson Education India, 1990.

[38] Sarachik P E. Principles of Linear Systems. Cambridge: Cambridge University Press, 1997.

[39] Bak D J. Dancer arm feedback regulates tension control. Design News, 1987, 43(6): 132-133.

[40] van Voorhis S T. Digital control of measurement graphics. Hewlett-Packard Journal, 1986, 37(1): 24-26.

[41] 龚建伟, 姜岩, 徐威. 无人驾驶车辆模型预测控制. 北京: 北京理工大学出版社, 2014.

[42] Wang L. Model Predictive Control System Design and Implementation Using MATLAB. London: Springer, 2009.

第 5 章 智能驾驶列队控制

5.1 概　述

智能车辆列队控制可以实现车辆列队的协同行驶，提高道路交通流量、减少交通事故、降低环境污染并节约能源消耗。得益于信息感知技术、智能控制技术等的日益完善，目前单车的智能化研究已经取得了比较大的进展，并在无人港口、封闭园区等进行了应用。除了单车智能驾驶之外，当前的另一个研究热点是从多车列队的角度进行车辆控制，在具备相机、雷达等车载传感的基础之上，利用通信技术，增加车-车信息交互来获取其他车辆信息，实现智能车辆列队驾驶。

美国是最早进行无人车辆驾驶技术和智能车辆列队技术研究的国家之一。在2003 年，著名的加州大学伯克利分校 PATH(Partners for Advanced Transportation Technology)实验室利用两辆卡车完成了自动化编队，在 2010 年利用三辆车进行了自动化卡车编队。除了必要的传感器外，试验卡车还配置了 V2V 通信设备，实现了卡车之间的恒定间距自动驾驶。同时在美国联邦公路管理局(Federal Highway Administration，FHWA)的支持下，PATH 实验室与著名公司 Volvo Trucks 进行合作，开发了利用自适应巡航控制(adaptive cruise control，ACC)的第二代卡车编队。该编队项目的纵向控制中，利用滑模控制，使车队在各种模式之间如编队、解队等能够平滑地进行切换。

日本"能源 ITS 推进事业"项目是由日本新能源产业技术综合开发机构(New Energy and Industrial Technology Development Organization，NEDO)出资支持的，其目的是实现大型卡车在高速公路上的自动行驶和列队行驶，通过降低车间距来改善交通流、减小空气阻力，从而提高燃油效率，同时提高行车安全性和减轻驾驶人负荷。2013 年，NEDO 发布了最新的研究成果，在试验测试道路上四辆卡车组成的卡车编队；通过速度控制及转向控制实现了车速 80km/h、车距 4m 的列队自动行驶。

2019 年 7 月，大陆集团和克诺尔集团合作研发了商用车编队行驶项目，该项目对由三辆不同型号卡车组成的商用车自动驾驶编队进行开发及实测演示。展示的功能包括编队成形、协同驾驶、紧急制动、单独车辆分离编队和整个列队高效安全解散。

　　国内各大院校和科技公司同样开展了智能车辆编队驾驶的研究工作。2019年，在全国汽车标准化技术委员会智能网联汽车分技术委员会的主导下，来自北汽福田、东风商用车、中国重汽的九辆重型商用车在天津市西青区进行了智能卡车编队行驶的实车试验。在智能卡车编队行驶中，后车可通过网联功能获取前车状态实现实时加速、减速、转向等操作，从而实现自动驾驶。该功能可实现车间距最小化并且大幅度地降低驾驶人工作强度，同时也提升了燃油经济性。试验中采用头车人工驾驶模式，测试后车自动驾驶模式下列队加速、列队换道及列队减速三个功能场景。

　　2019 年 12 月 30 日，图森未来 L4 级无人驾驶卡车车队在京礼高速(延崇北京段)顺利完成队列跟驰测试工作。这也是中国首次高速公路全封闭环境下、基于车路协同(cooperative vehicle infrastructure, CVI)技术的测试工作。在本次演示中，卡车车队采用头车人工驾驶模式，后车无人驾驶模式，实现列队巡航、列队换道、队列同步减速停车及列队车路协同场景的演示，并在 80km/h 的时速下保持 10m 车间距，实现了单人驾驶多车车队。这次的演示在节省燃油、降低道路占用、降低运输成本方面达到世界领先水平。

　　智能车辆列队行驶兼顾道路交通安全与通行效率，不仅具有单车行驶速度快、车辆间距小等特点，还能根据不同的道路条件，通过车队之间的协调与合作，一方面简化交通控制与管理的复杂程度，从而有效减缓交通拥堵，增加道路通行能力，提高交通安全；另一方面减少能源使用，从而降低机动车尾气废气排放，减少环境污染。目前，在车辆智能化的研究及应用领域中，单车智能驾驶已经取得了许多成果。如何在单车智能化的基础上实现多车协同驾驶，研究多车编队驾驶控制方法，对于发展和推广的智能车路系统具有重要意义。

5.2　车辆列队建模与动力学控制

5.2.1　信息流拓扑结构

　　信息流拓扑结构(拓扑结构是指网络中各个站点相互连接的形式)用来描述车辆节点间信息传递的拓扑关系。数据不同来源的定义，根据所需信息来源的不同可将对智能车辆列队控制中 V2V 通信拓扑结构大致分为三种结构，即前车跟踪结构(predecessor following topology，PFT)、前车-领航车跟踪结构(predecessor-leader following topology，PLFT)、双向跟踪结构(bidirectional topology，BT)[1]，不同通信拓扑结构示意图如图 5.1 所示。

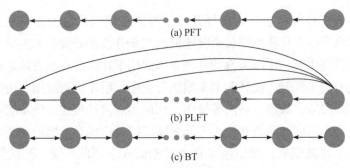

图 5.1   不同通信拓扑结构示意图

前车跟踪结构指的是只需通过 V2V 获取前车的速度、加速度等状态信息，如图 5.1(a)所示。PFT 认为车辆列队行驶时，只要保证车辆与前车保持安全间距，就可认为车队安全，因此设计车队控制器时只需要考虑前车的信息。基于 PFT 的控制器所需信息较少，控制结构比较简单。

前车-领航车跟踪结构指的是通过 V2V 获取前车，以及车队领头车的速度、加速度等状态信息，如图 5.1(b)所示。与 PFT 相比，PLFT 所需信息较多，车车间距不恒定，且一般较大，但当领航车紧急刹车时，所有跟随车都能快速获取领航车状态变化，同步响应，从而降低车队事故风险，保证车队安全。

双向跟踪结构指的是通过 V2V 获取前车以及相邻后车的速度等状态信息，如图 5.1(c)所示。BT 主要考虑到车辆列队行驶时车辆间距较小，若车队中某个车辆出现发动机故障，则该车速度及加速能力低于期望值，容易与后面车辆发生碰撞。从交通安全和运行效率考虑，对每个车辆的控制系统设计需要考虑后方车辆的状态信息。

5.2.2   车车跟随策略

车车跟随策略主要分为固定间距策略(constant spacing policy, CSP)和变间距策略(space varying policy, SVP)，其中，变间距策略又可分为等时距策略(constant time-gap policy, CTP)和变时距策略(varying time-gap policy, VTGP)[2]。

固定间距策略的一般表达式为

$$e_i(t) = x_{i-1}(t) - x_i(t) - L - E_d \tag{5.1}$$

式中，$e_i(t)$ 为第 i 辆车与相邻前车实际间距与期望间距的误差；$x_{i-1}(t) - x_i(t)$ 为 t 时刻相邻前后车的距离；L 为车长，是常数；E_d 为相邻前后车的期望间距，在固定间距策略中一般为常数。固定间距这种控制策略与本车速度和周围环境等因素无关，结构简单、计算量少。但是，恒定的车距不能适应多变的行车环境，无法满足车速大范围的变化。当车速较高时，较小的车间距离不能满足行车安全性；

当车速较低时，过大的车间距离则会降低道路通行效率。而且，恒间距控制策略的稳定性不佳，现在已经没有车辆纵向控制系统采用这种间距算法。

固定时距策略的一般表达式为

$$e_i(t) = x_{i-1}(t) - x_i(t) - L - v_i T_{\rm h} - d_{\min} \tag{5.2}$$

式中，$T_{\rm h}$ 为车头时距，一般取 1～3s；L 为车长；v_i 为自车速度；$d_{\min}$ 为期望静态间距。

固定时距跟随策略要求车车间距与车辆速度成正比，当自车速度较慢时，安全跟车距离较小，跟随目标车行驶的同时提高了道路通行效率。当自车速度较快时，安全跟车距离随车速变大，前车紧急制动的情况下，自车也有足够的距离实现减速和避撞。这也符合驾驶员的驾驶习惯。与固定间距相比，固定时距策略的最大优点便是能够适应不同速度的情况。

变时距策略，即安全系数策略，其表达式为

$$e_i(t) = x_{i-1}(t) - x_i(t) - L - v_i T_{\rm h}(v_i, a_i) - d_{\min} \tag{5.3}$$

式中，$T_{\rm h}$ 为车头时距，一般与自车速度和加速度有关。

该策略要求车车间距不仅与车辆速度有关，也与车辆加速度有关，与固定间距、固定时距策略相比，变时距策略中期望间距不仅与车辆速度有关，可以适应不同速度情况，还与车辆加速度有关，从而可以控制车辆紧急刹车时的期望间距，更好地保证车队安全。

5.2.3　车辆列队模型

由 n 辆车组成的车队在单车道上行驶的模型如图 5.2 所示。

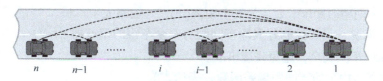

图 5.2　车队列队结构示意图

当车队中所有的车辆均相同，可采用如式(5.4)所示模型描述每辆车的动力学特性，其表达式为

$$\begin{cases} x_i'(t) = v_i(t) \\ v_i'(t) = a_i(t) \\ a_i(t) = u_i(t) \end{cases} \tag{5.4}$$

式中，$x_i(t)$、$v_i(t)$、$a_i(t)$ 分别为第 i 辆车的位置、速度、加速度；$u_i(t)$ 为控制输入，

即期望加速度。

由于车辆执行机构存在时间延迟,往往车辆实际加速度并不等于期望加速度,考虑车辆机械延时,车辆期望速度与实际加速度关系表达式为

$$\varsigma a_i'(t) = u_i(t) - a_i(t) \tag{5.5}$$

式中,ς 为车辆执行机构延迟时间。

另外,考虑到车车通信延时为 $\varDelta$ 时,t 时刻计算车辆期望加速度的输入数据,即前车和头车位置、速度、加速度,自车位置、速度实际上是 $t-\varDelta$ 时刻的状态数据,并且在 $t+\varsigma$ 时刻受控车的加速度才能达到期望的加速度,因此当考虑车辆执行机构延迟和车-车通信延迟时,其表达式为

$$\varsigma a_i'(t) = u_i(t-\varDelta) - a_i(t) \tag{5.6}$$

固定时距策略规定车车间距与受控车速度成正比,比值一般为 1~3s。基于固定时距策略,车队速度较小时,车车安全间距较小,当车队速度较大时,车队安全间距变大,与固定间距策略相比,固定时距适用于不同速度的情况,更加符合实际。

第 i 辆车与相邻前车的车间距偏差 $e_i(t)$、第 i 辆车与车队领头车的车间距偏差 $e_{i1}(t)$ 分别定义,表达式为

$$\varepsilon_i(t) = x_i-1(t) - x_i(t) - L - L_{\text{safe}} \tag{5.7}$$

$$e_i(t) = \varepsilon_i(t) - hv_i(t) \tag{5.8}$$

$$\varepsilon_{i1}(t) = x_i(t) - x_1(t) - (i-1)L - (i-1)L_{\text{safe}} \tag{5.9}$$

$$e_{i1}(t) = \varepsilon_{i1}(t) - (i-1)hv_i(t) \tag{5.10}$$

式中,h 为期望时距(s);L_{safe} 为安全距离(m),一般略大于车长。

一般来说,只要控制好实际车间距与安全车距的偏差即 $e_i(t)(i=2,3,\cdots,n)$,便可以保证车队安全,避免碰撞事故。

定义第 i 辆车的车间距偏差函数,表达式为

$$\delta_i(t) = \lambda_1 e_i(t) + \lambda_2 e_{i1}(t) \tag{5.11}$$

式中,λ_1、λ_2 为权重值,表示相邻前车与车队领头车对自车影响的大小;λ_1、λ_2 满足 $\lambda_1+\lambda_2=1$。

5.2.4　车辆动力学控制

本节基于车辆纵向逆动力学模型和 PID 反馈控制方法,将车辆速度作为反馈量,根据期望加速度和期望速度进行油门开度或制动压力的求解。考虑到车辆纵向行驶工况分为加速和减速,因此建立车辆逆动力学模型时也应区分驱动和制动

两种工况。

1. 车辆纵向动力学模型

车辆在运动时，其行驶方程式[3]，表达式为

$$F_t = F_f + F_w + F_i + F_j \tag{5.12}$$

式中，F_t 为车辆驱动力(N)；F_f、F_w、F_i、F_j 分别为车辆行驶过程中滚动阻力(N)、空气阻力(N)、坡度阻力(N)、加速阻力(N)，表达式为

$$\begin{cases} F_t = T_e i_g i_o \eta_T / r \\ F_f - Wf \\ F_w = C_D A v^2 / 21.15 \\ F_i = mg \sin \alpha \\ F_j = \delta ma \end{cases} \tag{5.13}$$

式中，T_e 为车辆发动机输出转矩(N·m)；i_g 为车辆变速器传动比；i_o 为车辆主减速器传动比；η_T 为传动系机械效率；r 为车轮半径(m)；W 为车辆车轮负荷(N)；f 为滚动阻力系数；C_D 为空气阻力系数；A 为车辆迎风面积(m^2)；v 为车辆行驶速度(km/h)；m 为车辆质量(kg)；g 为重力加速度(m/s^2)；α 为坡度角，其正切值等于坡高与底长之比；δ 为车辆旋转质量转换系数，$\delta > 1$；a 为车辆行驶加速度(m/s^2)。

考虑到实际上正常道路坡度角较小，根据小角度三角函数关系，可以认为 $\cos\alpha \approx 1$，$\sin\alpha \approx \tan\alpha \approx \alpha$，因此可将式(5.12)写为

$$\frac{T_e i_g i_o \eta_T}{r} = Wf + \frac{C_D A}{21.15} v^2 + mg\alpha + \delta ma \tag{5.14}$$

根据式(5.14)则可以得到车辆发动机输出转矩的表达式为

$$T_e = \frac{\left(Wf + \dfrac{C_D A}{21.15} v^2 + mg\alpha + \delta ma \right) r}{i_g i_o \eta_T} \tag{5.15}$$

如果车辆装有液力变矩器，那么车辆驱动力表达式为

$$F_t = \frac{T_{tq} i_g i_o \eta_T \tau}{r} \tag{5.16}$$

式中，τ 为车辆液力变矩器扭矩特性函数。

因此装有液力变矩器的车辆发动机输出转矩表达式为

$$T_{\mathrm{e}} = \frac{\left(Wf + \dfrac{C_{\mathrm{D}}A}{21.15}v^2 + mg\alpha + \delta ma\right)r}{i_{\mathrm{g}}i_{\mathrm{o}}\eta_{\mathrm{T}}\tau} \tag{5.17}$$

旋转质量转换系数主要与车辆飞轮的转动惯量、车轮的转动惯量及传动系的传动比有关，根据下式可以确定该值的大小：

$$\delta = 1 + \frac{1}{m}\frac{\sum I_{\omega}}{r^2} + \frac{1}{m}\frac{I_{\mathrm{f}}i_{\mathrm{g}}^2 i_{\mathrm{o}}^2 \eta_{\mathrm{T}}}{r^2} \tag{5.18}$$

式中，I_{ω} 为车轮的转动惯量；I_{f} 为飞轮的转动惯量。

2. 驱动工况车辆纵向动力学系统控制

考虑到车辆加速时其纵向动力学系统具有较强的非线性、跳变性，为了达到系统响应快、速度跟踪效果高的控制效果，本书提出基于前馈-反馈的控制框架。如图 5.3 所示，控制量为通过驱动工况下车辆纵向动力学逆模型得到的前馈控制量与通过 PID 控制方法得到的反馈控制量之和，控制律的表达式为

$$u_{\mathrm{t}} = u_{\mathrm{tf}} + u_{\mathrm{tb}} \tag{5.19}$$

式中，u_{t} 为驱动控制量油门开度；u_{tf} 为前馈控制量；u_{tb} 为反馈控制量。

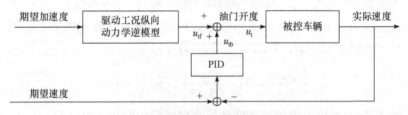

图 5.3　驱动工况前馈-反馈控制框架

根据车辆驱动时纵向逆动力学逆模型计算得到的前馈控制信号能够提高控制的响应速度，同时由于逆模型考虑了纵向逆动力学系统的非线性、时变性等特性，提高了控制精度。此外，通过 PID 控制方法得到的反馈控制信号能够减小控制的稳态误差，进一步提高控制精度，保证了速度跟随效果，具有较好的鲁棒性。

车辆发动机的工作特性可以用发动机扭矩随发动机转速与油门开度的函数描述，其表达式为

$$T_{\mathrm{e}} = f(\zeta, \omega) \tag{5.20}$$

式中，ζ 为油门开度；ω 为发动机转速(r/min)。某型号发动机工作特性如图 5.4 所示。

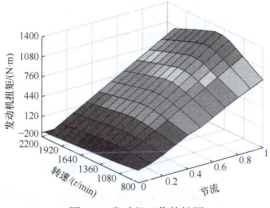

图 5.4　发动机工作特性图

考虑到实际情况中获取准确精细的发动机工作特性图比较困难，可以根据所选 CarSim 车辆模型的发动机数据，得到发动机外特性曲线并进行拟合，发动机外特性曲线表达式为

$$T_{tq} = 3804 - 11.26\omega + 0.01466\omega^2 - 7.484\times10^{-6}\omega^3 + 1.313\times10^{-9}\omega^4 \quad (5.21)$$

式中，T_{tq} 为汽车发动机外特性转矩(N·m)。则可得前馈控制量 u_{tf} 的表达式为

$$u_{tf} = \frac{\left(Wf + \dfrac{C_D A}{21.15}v^2 + mg\alpha + \delta ma\right)r}{i_g i_o \eta_T \tau(3804 - 11.26\omega + 0.01466\omega^2 - 7.484\times10^{-6}\omega^3 + 1.313\times10^{-9}\omega^4)} \quad (5.22)$$

由于所建立的车辆纵向逆模型与实际情况的偏差必然存在，仅有前馈控制达不到理想的控制精度，因此必须结合反馈控制来消除控制系统的跟随误差。考虑到汽车实际加速度的变化波动较大，选择比较稳定的速度作为反馈量。选用工程应用最为广泛的反馈控制方法 PID，反馈驱动控制量表达式为

$$u_{tb} = k_p(v_{des} - v_{act}) + k_i\int_0^t (v_{des} - v_{act})dt + k_d\frac{d(v_{des} - v_{act})}{dt} \quad (5.23)$$

式中，v_{des} 为期望速度；v_{act} 为实际速度。那么期望的油门开度 u_t 可由式(5.19)得到。

3. 制动工况车辆纵向动力学系统控制

制动力矩主要由非线性、时变性较弱的制动系统产生，同时仍与具有强非线性、时变性甚至跳变性的传动系统有关。因此为了达到响应快、控制精度高、鲁棒性好的效果，与驱动工况一样，制动工况也采用前馈-反馈的控制框架。如图 5.5 所示，控制量为通过制动工况下车辆纵向动力学逆模型得到的前馈控制量与通过 PID 控制器得到的反馈控制量之和，控制律可以表示为

$$u_b = u_{bf} + u_{bb} \tag{5.24}$$

式中，u_b 为制动控制量；u_{bf} 为前馈制动控制量；u_{bb} 为反馈制动控制量。

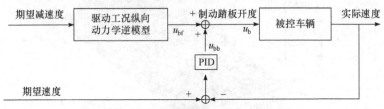

图 5.5　制动工况前馈-反馈控制框架

制动工况纵向动力学逆模型，是对由期望车轮转矩或期望加速度求解制动压力过程的描述。在制动力不超过路面最大附着力时，制动系统作用到车轮的制动力矩 T_{tb} 和制动开度 P_b 可以近似表达，其表达式为

$$T_{tb} = K_b P_b \tag{5.25}$$

式中，K_b 为制动力矩和制动开度的比例系数。

在充分利用滚动阻力和空气阻力的情况下，可得到期望减速度所需要的制动力矩 T_{tb} 的表达式为

$$T_{tb} = \left(-ma_{des} - mgf - \frac{C_D A v^2}{21.15} \right) r \tag{5.26}$$

式中，a_{des} 为期望加速度。

前馈制动控制量 u_{bf} 的表达式为

$$u_{bf} = P_b = \frac{\left(-ma_{des} - mgf - \dfrac{C_D A v^2}{21.15} \right) r}{K_b} \tag{5.27}$$

同样选择比较稳定的速度作为 PID 反馈环节的参数，此处控制偏差 e 同样选择期望速度 v_{des} 与实际速度 v_{act} 的差值，反馈制动控制量表达式为

$$u_{bb} = K_p(v_{des} - v_{act}) + K_i \int_0^t (v_{des} - v_{act}) dt + K_d \frac{d(v_{des} - v_{act})}{dt} \tag{5.28}$$

最后根据式(5.24)可得到制动开度值 u_b。

4. 驱动与制动切换策略

车辆行驶时驱动和制动是分开运行的，此外当所需减速度很小时，驾驶员往往利用发动机制动来减小车速，而非利用制动系统。通过分析，本节制定驱动和制动的切换策略，从而充分利用发动机制动。某型号车辆带挡滑行时速度与加速

度的关系曲线如图 5.6 所示。

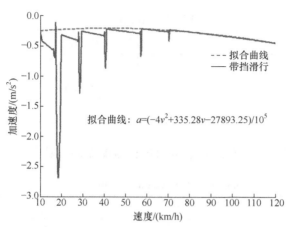

图 5.6　带挡滑行速度与加速度关系曲线图

从图中可以看出，在车辆速度从 120km/h 下降到 70km/h 的过程中，加速度与速度关系近似为线性关系，但是当速度小于 70km/h 后，由于车辆执行换挡操作，加速度产生突变。对车辆速度和加速度数据进行拟合，结果可表示为

$$a_{s} = -4 \times 10^{-5} v^{2} + 3.3528 \times 10^{-3} v - 0.2789325 \tag{5.29}$$

式中，a_{s} 为基准加速度；v 为车辆速度。

此外，汽车的频繁驱动不利于司乘体验和燃油经济，因此在标定的基准加速度上下设置缓冲区域。车辆驱动与制动切换策略如表 5.1 所示。

表 5.1　车辆驱动与制动切换策略

判断条件	汽车执行方式
$a_{\text{des}} \geqslant a_{s} + h$	油门控制
$a_{s} - h < a_{\text{des}} < a_{s} + h$	带挡滑行
$a_{\text{des}} \leqslant a_{s} - h$	制动控制

表 5.1 中 h 为缓冲区域宽度，决定了实施油门控制和制动控制的时机，可通过车辆性能和司乘舒适性进行标定，一般 h 取 $0.05 \sim 0.2 \text{m/s}^{2}$。

5.2.5　车辆跟踪控制器仿真验证

基于车辆逆动力学模型建立的下层控制器是车队纵向分层式控制器设计成功的基础，基于 MATLAB/CarSim 进行联合仿真，分别输入期望加速度的正弦信号、阶跃信号、斜坡信号，观测被控车辆实际输出与期望输出的偏差，以此说明本书下层跟踪控制方法的有效性。PID 反馈控制参数见表 5.2。

表 5.2　PID 反馈控制参数

参数名称	参数值	参数名称	参数值
驱动控制 k_p	30000	制动控制 k_p	10
驱动控制 k_i	5000	制动控制 k_i	1
驱动控制 k_d	700	制动控制 k_d	0.1

仿真所用车型为 CarSim 中 Class-Hatchback 车辆，其主要参数见表 5.3。

表 5.3　仿真车辆 Class-Hatchback 基本参数

参数	参数值
汽车质量 m/kg	1416
车胎半径 r/m	0.31
迎风面积 A/m²	1.6
主减速器传动比 i_o	4.1
车轮转动惯量 I_ω/kg·m²	0.211
飞轮转动惯量 I_f/kg·m²	0.8
汽车车轮负荷 W/N	13876.8
变速器传动比 i_g	3.538/2.06/1.404/1.00/0.713/0.582
滚动阻力系数 f	0.1
传动系机械效率 η_T	0.9
空气阻力系数 C_D	0.35

1. 输入的期望加速度为正弦信号

被控车辆起始速度为 20m/s，期望加速度起始值为 0，加速度变化曲线为正弦曲线，周期为 20s，幅值为 1m/s²，被控车辆实际加速度与期望加速度、实际速度与期望速度如图 5.7 所示。

2. 输入的期望加速度为阶跃信号

被控车辆起始速度 20m/s，期望加速度起始值为 0，$t=10$s 时期望加速度为 1.5m/s²，持续 5s 后恢复为 0，$t=35$s 时期望加速度为 −2m/s²，持续 5s 后恢复为 0，加速度阶跃输入的响应如图 5.8 所示。

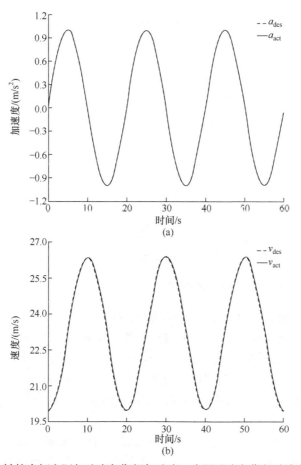

图 5.7 被控车辆实际加速度与期望加速度、实际速度与期望速度关系图

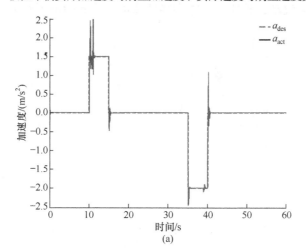

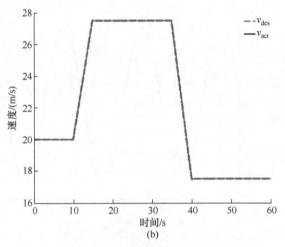

(b)

图 5.8 加速度阶跃输入的响应

3. 输入的期望加速度为斜坡信号

被控车辆起始速度为 20m/s，期望加速度起始值为 0，$t = 5 \sim 10$s 时期望加速度从 0 均匀增长至 2.5m/s²，$t = 10 \sim 15$s 时期望加速度为 2.5m/s²，$t = 15 \sim 20$s 时期望加速度从 2.5m/s² 均匀减小至 0，$t = 35 \sim 37$s 时期望加速度从 0 均匀增长至 -3.5m/s²，$t = 37 \sim 40$s 时期望加速度为 -3.5m/s²，$t = 40 \sim 42$s 时期望加速度从 -3.5m/s² 均匀减小至 0，其他时间段期望加速度为 0，加速度斜坡输入的响应如图 5.9 所示。

通过图 5.7～图 5.9 三组试验曲线可以看出，被控车辆实际速度与期望速度偏差极小，最大偏差为 0.5m/s，并且速度变化平稳，在加速和减速过程中实际加速度虽然存在较大波动，整体上尚能跟随期望值，因此验证了本书下层跟踪控制方

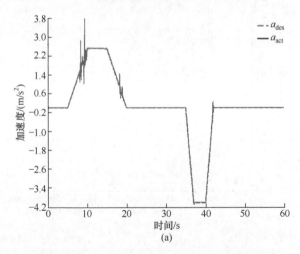

(a)

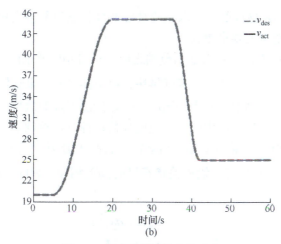

图 5.9　加速度斜坡输入的响应

法的准确性和可行性。分析加速度波动的原因，是因为非线性动力学模型中发动机和传动系数存在突然变化导致的，尤其是换挡过程中传动比的突变，从图 5.6 中也能看出这一点。正是考虑到这个问题，本书选择车辆速度这一稳定量作为控制器反馈对油门开度和制动压力进行补偿。

5.3　基于非线性 PID 的车辆列队控制

5.3.1　非线性 PID 介绍

PID 控制原理示意图如图 5.10 所示。

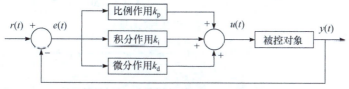

图 5.10　PID 控制原理示意图

PID 控制算法在连续时间域中可用如下数学表达式：

$$u(t) = k_p e(t) + k_i \int e(t)\mathrm{d}t + k_d e'(t) \tag{5.30}$$

式中，k_p、k_i、k_d 分别为比例系数、积分系数、微分系数。

虽然 PID 控制结构简单，不需要依赖于受控对象精确的数学模型，但当应用于非线性控制系统或者时变不确定性复杂系统时，控制效果往往一般，这是因为 PID 参数不会变化，因此主要兼顾控制全过程，而对整个控制过程中某一阶段而言，PID 参数并不是最优的，所以一般常规 PID 控制对复杂变化的运行工况适应性较差，对参数整定的要求较高。

从图 5.11 可以看出，在合适的范围之内，针对相同要求的工况，k_p 值越大，系统响应越快，达到期望效果的速度越快，控制器控制效果越好；k_i 值增大，系统响应效果变差，达到期望效果的速度变慢，控制器控制效果降低；k_d 值增大，系统响应效果更好，达到期望效果的速度变快，控制器控制效果更优。

根据上述分析，为满足上述分析规律在传统 PID 基础上对 PID 参数值 k_p、k_i、k_d 非线性化，使之与车辆相关状态量的偏差相关，PID 参数非线性化，其表达式为

$$K_p = k_p(1 + \eta_1 e^{\delta_e})$$
$$K_i = k_i(1 - \eta_2 e^{\delta_e}) \qquad (5.31)$$
$$K_d = k_d(1 + \eta_3 \delta_e)$$

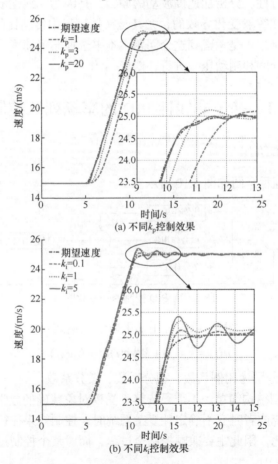

(a) 不同 k_p 控制效果

(b) 不同 k_i 控制效果

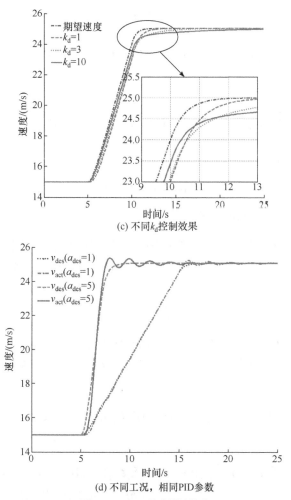

(c) 不同 k_d 控制效果

(d) 不同工况，相同PID参数

图 5.11　PID 控制效果图

式中，η_1、η_2、η_3 为给定系数；K_p、K_i、K_d 为控制器增益值，即传统 PID 参数；δ_e 为状态量偏差。显然当 $\eta_i = 0 (i = 1,2,3)$ 时即为传统 PID 控制方法。

忽略车辆执行机构延迟和车-车通信的延时现象时，PID 控制器可设计为

$$u_i(t) = K_p\delta_i'(t) + K_i \int \delta_i'(t)\mathrm{d}t + K_d\delta_i''(t) \tag{5.32}$$

延时滞后现象是客观存在的，考虑延时迟滞现象的控制器，其表达式为

$$u_i(t - \Delta) = K_p\delta_i'(t - \Delta) + K_i \int \delta_i'(t - \Delta)\mathrm{d}t + K_d\delta_i''(t - \Delta) \tag{5.33}$$

得到控制器输出即期望加速度后，基于车辆当前速度即可求得受控车期望速度。

把式(5.33)代入式(5.6)可得 $a_i'(t)$ 的表达式为

$$a_i'(t) = \frac{1}{\varsigma}\left[K_p\delta_i(t-\varDelta) + K_i\int\delta_i'(t-\varDelta)\mathrm{d}t + K_d\delta_i''(t-\varDelta) - a_i(t)\right] \tag{5.34}$$

则可得

$$a_{i-1}'(t) = \frac{1}{\varsigma}\left[K_p\delta_{i-1}'(t-\varDelta) + K_i\int\delta_{i-1}'(t-\varDelta)\mathrm{d}t + K_d\delta_{i-1}''(t-\varDelta) - a_{i-1}(t)\right] \tag{5.35}$$

根据式(5.7)有

$$\varepsilon_i'''(t) = a_{i-1}'(t) - a_i'(t) \tag{5.36}$$

结合式(5.34)~式(5.36)可得

$$\begin{aligned}\varsigma\varepsilon_i'''(t) + a_i(t) - a_{i-1}(t) &= K_p\left[\delta_i'(t-\varDelta) - \delta_{i-1}'(t-\varDelta)\right]\\ &\quad + K_i[\delta_i(t-\varDelta) - \delta_{i-1}(t-\varDelta)]\\ &\quad + K_d[\delta_i''(t-\varDelta) - \delta_{i-1}''(t-\varDelta)]\end{aligned} \tag{5.37}$$

又根据式(5.7)、式(5.9)、式(5.11)可得

$$\begin{cases}\delta_i'(t-\varDelta) = \lambda_1[x_{i-2}'(t-\varDelta) - x_{i-1}'(t-\varDelta)] + \lambda_2[x_1'(t-\varDelta) - x_{i-1}'(t-\varDelta)]\\ \delta_{i-1}'(t-\varDelta) = \lambda_1[x_{i-1}'(t-\varDelta) - x_i'(t-\varDelta)] + \lambda_2[x_1'(t-\varDelta) - x_i'(t-\varDelta)]\end{cases} \tag{5.38}$$

因此可得

$$K_p[\delta_i'(t-\varDelta) - \delta_{i-1}'(t-\varDelta)] = K_p\lambda_1\varepsilon_{i-1}'(t) - K_p\varepsilon_i'(t) \tag{5.39}$$

同理，可得

$$\begin{aligned}K_i[\delta_i(t-\varDelta) - \delta_{i-1}(t-\varDelta)] &= \lambda_1 K_i\varepsilon_{i-1}(t-\varDelta) - K_i\varepsilon_i(t-\varDelta)\\ &\quad - hK_i[\lambda_1 + \lambda_2(i-1)]\varepsilon_i'(t-\varDelta)\end{aligned} \tag{5.40}$$

$$K_d[\delta_i''(t-\varDelta) - \delta_{i-1}''(t-\varDelta)] = K_d\lambda_1\varepsilon_{i-1}''(t-\varDelta) - K_d\varepsilon_i''(t-\varDelta)$$

故可得

$$\varsigma\varepsilon_i'''(t) + \varepsilon_i''(t) + \left\{K_p + hK_i\left[\lambda_1 + \lambda_2(i-1)\right]\right\}\varepsilon_i'(t-\varDelta) + K_i\varepsilon_i(t-\varDelta) + K_d\varepsilon_i''(t-\varDelta)$$
$$= K_p\lambda_1\varepsilon_{i-1}'(t-\varDelta) + K_i\lambda_1\varepsilon_{i-1}(t-\varDelta) + K_d\lambda_1\varepsilon_{i-1}''(t-\varDelta)$$

$$\tag{5.41}$$

对上式进行 Laplace 变换可得任意相邻两车的间距误差传递函数：

$$G(s) = \frac{\varepsilon_i(s)}{\varepsilon_{i-1}(s)} = \frac{\lambda_1(K_p s + K_i + K_d s^2)}{\varsigma s^3 + s^2 + \left\{K_p + hK_i\left[\lambda_1 + \lambda_2(i-1)\right]\right\}s + K_i + K_d s^2} \tag{5.42}$$

5.3.2　车辆列队稳定性

队列稳定性是实现车队良好控制的基础，为了增加车队中车辆的数量，同时减少事故发生，车队纵向队列稳定性是研究的重点。车队能够保持队列稳定性是指车队中车车纵向间距误差不会随着车辆数量增加而被放大，从而避免整个车队队形发散，即避免 slinky-effects[4]。车队保持队列稳定条件[5,6]的表达式为

$$\Delta\omega > 0, \quad |G(\mathrm{j}\omega)| = \left| \frac{e_i(\mathrm{j}\omega)}{e_{i-1}(\mathrm{j}\omega)} \right| < 1 \tag{5.43}$$

式中，G 为频域范围内本车与前车间距偏差函数。

考虑计算传递函数的模值时比较复杂，不直接计算该式模拟值来进行车队队列稳定性条件推导，将基于传统 PID 控制方法下的汽车间距传递函数[即式(5.42)]及仿真验证中 K_p、K_i、K_d 的变化情况来说明车队队列的稳定情况。

定义车队保持队列稳定的条件为

$$\begin{cases} 0 < 2\Delta K_p < \varsigma \\ 2(\Delta + \varsigma)K_i - 2\Delta\varsigma K_i < 1 - 2K_d \\ 0 < 2K_i < (1 - \lambda_1^2)(K_p - 2K_i K_d) \\ 0 < \lambda_1 < 1 \end{cases} \tag{5.44}$$

证明：定义等式，其表达式为

$$|G(\mathrm{j}\omega)| = \left| \frac{e_i(\mathrm{j}\omega)}{e_{i-1}(\mathrm{j}\omega)} \right|^2 = \frac{a}{a+b} \tag{5.45}$$

则车队整体队列稳定的条件变为 $\forall \Delta\omega > 0, b > 0$。

将 $s = \mathrm{j}\omega$ 代入式(5.42)进行 Laplace 变换，并结合 Euler 公式 $e^{\mathrm{i}x} = \cos x + \mathrm{i}\sin x$ 则可得下式：

$$G(\mathrm{j}\omega) = \frac{\lambda_1(K_p\mathrm{j}\omega + K_i - K_d\omega^2)(\cos\Delta\omega - \sin\Delta\omega\mathrm{j})}{-\varsigma\mathrm{j}\omega^3 - \omega^2 + (K_d\omega^2 + K_i + K_p\mathrm{j}\omega)(\cos\Delta\omega - \sin\Delta\omega\mathrm{j})} \tag{5.46}$$

联合式(5.45)及式(5.46)则可得

$$a = \lambda_1^2\left[K_d^2\omega^4 + (K_p^2 - 2K_i K_d)\omega^2 + K_i^2 \right] \tag{5.47}$$

$$b = b_1 + b_2 + b_3 \tag{5.48}$$

$$b_1 = \varsigma^2\omega^6 + (1 + K_d^2 - \lambda_1^2 K_d^2)\omega^4 + (K_p^2 - \lambda_1^2 K_p + 2\lambda_1^2 K_i K_d - 2K_i K_d)\omega^2 \tag{5.49}$$

$$b_2 = (1-\lambda_1^2)K_p^2 + 2K_d\omega^4\cos\Delta\omega + 2K_i\varsigma\omega^3\sin\Delta\omega - 2K_i\omega^2\cos\Delta\omega \quad (5.50)$$

$$b_3 = -2K_p\omega^3\sin\Delta\omega - 2K_d\varsigma\omega^4\cos\Delta\omega - 2K_d\varsigma\omega^5\sin\Delta\omega \quad (5.51)$$

根据三角函数的关系，$\forall \Delta\omega > 0$，下列关系式恒成立，其表达式为

$$-\cos\Delta\omega > -1, \quad -\sin\Delta\omega > -1, \quad \cos\Delta\omega > -1$$

所以 b 满足下列不等式：

$$b > (1-\lambda_1^2)K_p^2 + (1+K_d^2-\lambda_1^2 K_d^2 - 2K_d + 2\Delta\varsigma K_i - 2\Delta K_p - 2\varsigma K_p)\omega^4 + \quad (5.52)$$
$$(K_p^2 - \lambda_1^2 K_p + 2\lambda_1^2 K_i K_d - 2K_i K_d - 2K_i)\omega^2 + (\varsigma^2 - 2\Delta\varsigma K_p)\omega^6$$

显然当上述不等式中 ω 各项系数不小于 0 时，对于所有 $\Delta\omega > 0$，$b > 0$ 恒成立，即当以下条件成立时，其表达式为

$$\begin{cases} \varsigma^2 - 2\Delta\varsigma K_p \geqslant 0 \\ K_p^2 - \lambda_1^2 K_p + 2\lambda_1^2 K_i K_d - 2K_i K_d - 2K_i \geqslant 0 \\ 1+K_d^2-\lambda_1^2 K_d^2 - 2K_d + 2\Delta\varsigma K_i - 2\Delta K_p - 2\varsigma K_p \geqslant 0 \\ (1-\lambda_1^2)K_p^2 \geqslant 0 \end{cases} \quad (5.53)$$

由式(5.53)可得

$$\begin{cases} 0 < 2\Delta K_p < \varsigma \\ 2(\Delta + \varsigma)K_i - 2\Delta\varsigma K_i < 1 - 2K_d \\ 0 < 2K_i < (1-\lambda_1^2)(K_p - 2K_i K_d) \\ 0 < \lambda_1 < 1 \end{cases} \quad (5.54)$$

定理得证。显然，上述条件是车队保持队列稳定的充分不必要条件。

1. 仿真工况设计

为验证本节车队纵向控制器的控制效果,基于 CarSim/Simulink 联合仿真进行验证,仿真设计如下,联合仿真试验中车队数量为四辆车,分别为一辆领航车和三辆跟随车,车辆类型一致。通过控制车队领航车的运行状态,实现领航车机动过程,观测车队跟随车的行驶状态变化,从而测试本节车队纵向控制方法的有效性。为验证车队纵向控制算法,测试在不同路面附着系数下控制器的控制效果,共设计以下三种工况,见表5.4。

表 5.4　仿真工况设计

序号	工况	备注
1	高附着阶跃变化	$\mu=0.85$、$v=20\text{m/s}$、$a_+=1\text{m/s}^2$、$a_-=-1\text{m/s}^2$
2	高附着斜坡变化	$\mu=0.85$、$v=20\text{m/s}$、$a_+=1.2\text{m/s}^2$、$a_-=-1.5\text{m/s}^2$
3	低附着斜坡变化	$\mu=0.4$、$v=15\text{m/s}$、$a_+=1.2\text{m/s}^2$、$a_-=-1.5\text{m/s}^2$

工况 1：在路面附着系数为 0.85 的干燥混凝土路面上，车队起始速度为 20m/s，领航车加速度输入控制为阶跃信号，期望加速度大小为 1m/s² 和–1m/s²，分别持续 5s 时间。

工况 2：在路面附着系数为 0.85 的干燥混凝土路面上，车队起始速度为 20m/s，领航车加速度输入控制为斜坡信号，期望加速度峰值为 1.2m/s² 和–1.5m/s²。

工况 3：在路面附着系数为 0.4 的湿滑路面上，车队起始速度为 15m/s，领航车加速度输入控制为斜坡信号，期望加速度峰值为 1.2m/s² 和–1.5m/s²。

在高附着路面和低附着路面上，分别观测车队领航车在不同机动过程下车队跟随车的响应结果，测试车队纵向控制器速度跟踪、队形保持的效果。车队纵向控制器相关参数见表 5.5。

表 5.5　车队纵向控制器参数表

参数	参数值	参数	参数值
K_p	0.55	η_1	0.9
K_i	0.07	η_2	0.1
K_d	0.1	η_3	0.3
τ/s	0.5	λ_1、λ_2	0.5
Δ/s	0.25	h/s	1.5

2. 仿真试验结果

1) 高附着阶跃变化

开始时，车队所有车辆速度均为 20m/s，车车间距均为 30m，场景设置为无坡度高附着的干燥混凝土路面，路面附着系数为 0.85，为测试在车队领航车机动过程下车队控制器的控制效果，设置领航车加速度输入控制为阶跃信号，高附着阶跃变化如图 5.12 所示。

开始时，领航车加速度为 0，$t=5\text{s}$ 时加速度输入为 1m/s²，持续 5s 后恢复为 0，$t=50\text{s}$ 时加速度输入为–1m/s²，持续 5s 后恢复为 0，其他时间段加速度为 0。车队所有车辆速度、加速度响应及车车间距变化如图 5.13 所示。

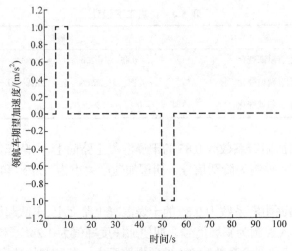

图 5.12　领航车加速度高附着阶跃变化图

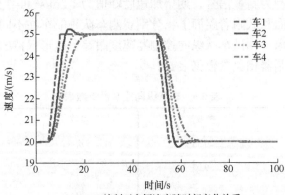

(a) PID控制下车辆速度随时间变化关系

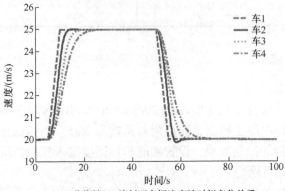

(b) 非线性PID控制下车辆速度随时间变化关系

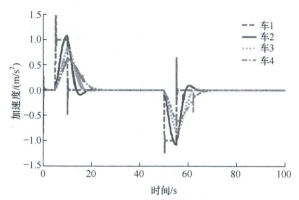

(c) PID控制下车辆加速度随时间变化关系

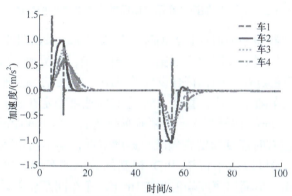

(d) 非线性PID控制下车辆加速度随时间变化关系

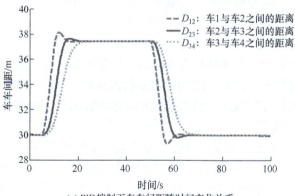

(e) PID控制下车车间距随时间变化关系

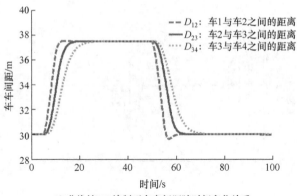

(f) 非线性PID控制下车车间距随时间变化关系

图 5.13　领航车加速度高附着阶跃输入车队响应曲线图

　　传统 PID 控制器即 $\eta_i = 0(i = 1, 2, 3)$ 时，车队响应结果如图 5.13(a)、(c)、(e) 所示，非线性 PID 控制器控制效果如图 5.13(b)、(d)、(f)所示，可以看出领航车加速之前车车间距稳定在 30m，符合设定的时距，在 5s 时领航车开始加速，车车间距增大，跟随车随之加速，直至 25s 左右时速度稳定在领航车速度附近，车车间距稳定在 37.5m，同样当 50s 时领航车减速后，车车间距减小，跟随车随之减速直至 70s 左右时速度稳定在领航车速度附近，车车间距稳定在 30m。从图 5.13(a)、(c)、(e)可以看出传统 PID 控制加减速的车辆速度响应超调约为 0.28m/s，即 1km/h，车辆加速度峰值为 1.1m/s²，车车间距误差最大值为 0.7m，根据图 5.13(b)、(d)、(f)可以看出，非线性 PID 控制时加减速时车辆速度响应超调近乎为 0，车辆加速度峰值为 1m/s²，加速时车车间距误差近乎为 0，减速时车车间距误差最大值为 0.4m。

　　2) 高附着斜坡变化

　　开始时，车队所有车辆速度为 20m/s，车车间距均为 30m，场景设置为无坡度高附着的干燥混凝土路面，路面附着系数为 0.85，为测试在车队领航车机动过程下车队控制器的控制效果，设置领航车加速度输入控制为斜坡信号，高附着斜坡变化如图 5.14 所示。

　　$t = 5 \sim 10$s 时领航车期望加速度从 0 均匀增长至 1.2m/s²，$t = 10 \sim 15$s 时期望加速度 1.2m/s²，$t = 15 \sim 20$s 时期望加速度从 2.5m/s² 均匀减小至 0，$t = 50 \sim 58$s 时期望加速度从 0 均匀增长至–1.5m/s²，$t = 58 \sim 66$s 时领航车加速度从–1.5m/s² 均匀减小至 0，其他时间段期望加速度为 0。车队所有车辆速度、加速度及车车间距变化如图 5.15 所示。

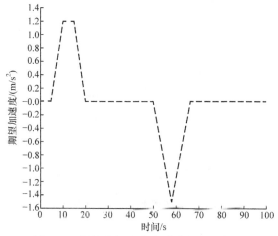

图 5.14　领航车加速度高附着斜坡变化图

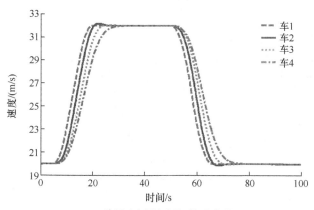

(a) PID控制下车辆速度随时间变化关系

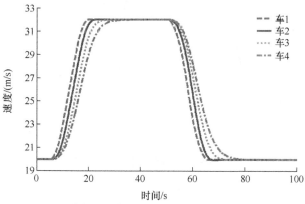

(b) 非线性PID控制下车辆速度随时间变化关系

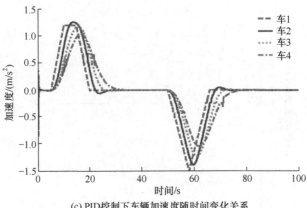

(c) PID控制下车辆加速度随时间变化关系

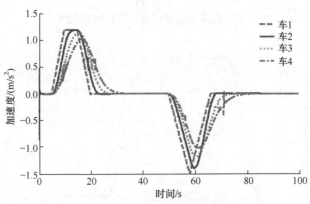

(d) 非线性PID控制下车辆加速度随时间变化关系

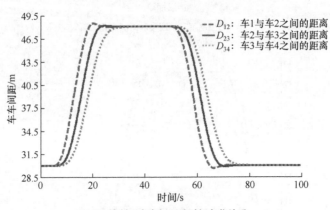

(e) PID控制下车车间距随时间变化关系

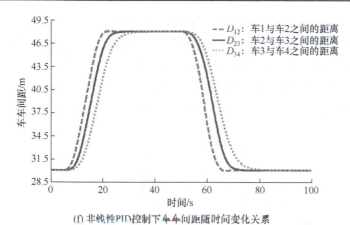

(f) 非线性PID控制下车车间距随时间变化关系

图 5.15　领航车加速度高附着斜坡输入车队响应曲线图

　　传统 PID 控制器即 $\eta_i = 0 (i = 1, 2, 3)$时，控制效果如图 5.15(a)、(c)、(e)所示，非线性 PID 控制器控制效果如图 5.15(b)、(d)、(f)所示，可以看出领航车加速之前车车间距稳定在 30m，符合要求的时距。在 5s 时领航车开始加速，车车间距增大，跟随车随之加速，直至 30s 左右时速度稳定在领航车速度附近，车车间距稳定在48m。同样在 50s 时领航车减速后，车车间距减小，跟随车随之减速，直至 80s左右时速度稳定在领航车速度附近，车车间距稳定在 30m。根据图 5.15(a)、(c)、(e)可以看出传统 PID 控制加减速时车辆速度响应超调约为 0.17m/s，即 0.6km/h，车辆加速度加速时峰值为 1.28m/s²，减速时峰值为 1.4m/s²，车车间距误差最大值为 0.5m，根据图 5.15(b)、(d)、(f)可以看出非线性 PID 控制时，加减速时车辆速度响应超调近乎为 0，车辆加速度加速时峰值为 1.2m/s²，减速时峰值为 1.4m/s²，车车间距误差近乎为 0。

　　3) 低附着斜坡变化

　　为验证本节车队纵向控制方法在低附着路面上的控制效果，场景设置为无坡度低附着的湿滑路面，路面附着系数为 0.4。开始时，车队所有车辆速度为 15m/s，车车间距均为 22.5m，模拟车队领航车机动过程。设置领航车加速度输入控制为斜坡信号，加速度斜坡变化如图 5.14 所示，5～10s 时领航车加速度从 0 均匀增长至 1.2m/s²，10～15s 时期望加速度为 1.2m/s²，$t = 15 \sim 20$s 时，期望加速度从 2.5m/s²均匀减小至 0，$t = 50 \sim 58$s 时，期望加速度从 0 均匀增长至 −1.5m/s²，$t = 58 \sim 66$s时，领航车加速度从 −1.5m/s²均匀减小至 0，其他时间段期望加速度为 0。车队所有车辆速度、加速度及车车间距变化如图 5.16 所示。

　　传统 PID 控制器即 $\eta_i = 0 (i = 1, 2, 3)$时，控制效果如图 5.16(a)、(c)、(e)所示，非线性 PID 控制器控制效果如图 5.16(b)、(d)、(f)所示，可以看出领航车加速之前车车间距稳定在 22.5m，符合要求的时距。在 5s 时领航车开始加速，车车间距增大，跟随车随之加速，直至 30s 左右时速度稳定在领航车速度附近，车车间距稳定在 40.5m。同样在 50s 时领航车减速后，车车间距减小，跟随车随之减速直至 80s 左右时速度稳定在领航车速度附近，车车间距稳定在 22.5m。根据图 5.16(a)、(c)、(e)可以看出传统 PID 控制加减速时车辆速度响应超调约为 0.25m/s，即 1km/h，车辆加速度加速时峰值为 1.27m/s²，由于路面附着系数较小，减速时加速度波动

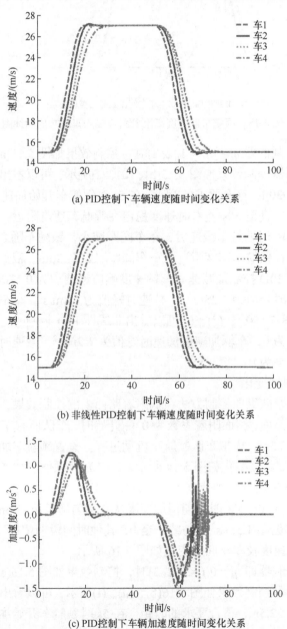

(a) PID控制下车辆速度随时间变化关系

(b) 非线性PID控制下车辆速度随时间变化关系

(c) PID控制下车辆加速度随时间变化关系

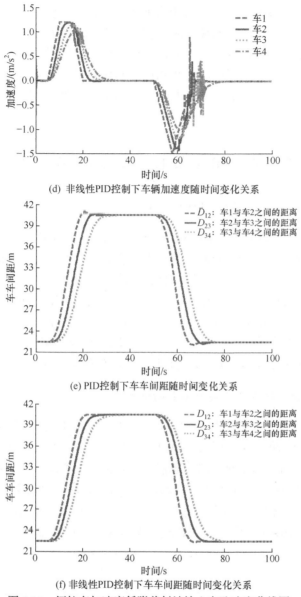

(d) 非线性PID控制下车辆加速度随时间变化关系

(e) PID控制下车车间距随时间变化关系

(f) 非线性PID控制下车车间距随时间变化关系

图 5.16　领航车加速度低附着斜坡输入车队响应曲线图

较大，特别是 65～75s 时间段，加速度峰值达到 1.5m/s^2，车车间距误差最大值为 0.5m，根据图 5.16(b)、(d)、(f)可以看出非线性 PID 控制时，加减速时的车辆速度响应超调近乎为 0，车辆加速度加速时峰值为 1.2m/s^2，在波动较大的 65～75s 时间段，加速度峰值为 1.1m/s^2，车车间距误差近乎为 0。

根据上述分析以及仿真试验结果，不难得出与传统 PID 控制方法相比，本节所设计的非线性 PID 控制器控制效果有所改善，方法更优。

需要说明的是，仿真试验调参时，首先是令非线性 PID 三个参数 η_1、η_2、η_3 为 0，即作传统 PID 控制处理，在调试出比较良好的控制效果甚至是效果不能更优时，再修改 η_1、η_2、η_3 调试非线性 PID 控制效果直至控制效果最优，因此从控制效果而言，与传统 PID 控制方法相比，本节非线性 PID 控制效果虽有所改善，提升却不是很大。

5.4 基于深度强化学习的车辆列队控制

5.4.1 基于深度强化学习的车队纵向控制

基于深度强化学习(deep reinforcement learning，DRL)的车队纵向自适应 PID 控制器，主要解决传统 PID 控制器参数无法实时调参的问题，使得 PID 控制器能够在复杂的非线性工程系统下自适应外部环境的变化，并获得良好的控制效果。因此，本节基于 DRL 的车队纵向自适应 PID 控制器，结合深度确定性策略梯度(deep deterministic policy gradient，DDPG)算法以及深度学习神经网络进行设计，将分别从动作与状态的选择与奖励函数的选取、神经网络结构设计、奥恩斯坦-乌伦贝克(Ornstein-Uhlenbeck，OU)随机过程等方面作详尽的分析。

1. 动作与状态的选择与奖励函数的选取

本节研究的是车辆编队的纵向决策控制的问题，所采用的通信框架为前车-领航车跟踪结构，决策控制框架图如图 5.17 所示，受控车通过车载传感器或者车载通信设备获得前车和领航车的状态信息，包括其加速度、速度和位置信息，通过与自车的状态信息进行计算，得出误差 $e_\mathrm{m}(t)$，通过状态转换器转换成输入向量，经过深度强化学习算法计算后，输出动作向量 a，在初始训练时，为了平衡研究(exploration)和利用(exploitation)，需引入一个随机噪声，即 OU 随机过程，

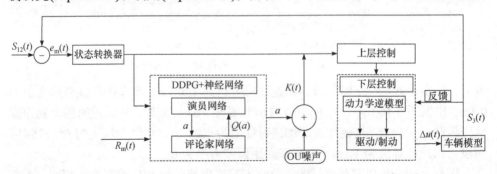

图 5.17 决策控制框架图

随后，动作向量 $K(t)$ 与误差向量输入车辆的上层控制器，计算出受控车所需的期望加速度，并作为输入传到车辆的下层控制器，转化为车辆的驱动或制动控制量，并作用于车辆。

根据上层控制器的控制方式，该强化学习算法的状态选择为前车减速度 a_2、前车的速度偏差 Δv_{23} 与前车的间距 Δx_{23}；领航车减速度 a_1、领航车的速度偏差 Δv_{13} 与领航车的间距 Δx_{13}，共六维状态向量，即

$$S = \begin{bmatrix} a_1 & \Delta v_{13} & \Delta x_{13} & a_2 & \Delta v_{23} & \Delta x_{23} \end{bmatrix}$$

Actor 网络输出的动作为 PID 的三个参数，即

$$u = \begin{bmatrix} K_p & K_i & K_d \end{bmatrix}$$

车辆编队在行驶过程中，首先要保证车辆之间不能发生碰撞，其次还要考虑整个编队的稳定性，即车辆之间的间距要能维持在合理的间距，同时受控车能够较快地适应前方车辆的运动状态变化。基于以上分析，本书所采用的奖励函数主要包括以下部分。

车辆控制器的首要控制目标是保证车辆不发生碰撞，所以，如果车辆与前车的间距小于两车应保持最小的车间距，那么给予控制器–100 的奖励，若大于，则此部分奖励设为 0，其表达式为

$$R_1 = \begin{cases} 0, & x_2 - x_3 \geqslant L_{\text{safe}} \\ -100, & x_2 - x_3 < L_{\text{safe}} \end{cases} \tag{5.55}$$

式中，x_2、x_3 分别为前车与自车的 x 坐标位置；L_{safe} 为两车应保持的最小车间距。

考虑到在车辆编队中，前车速度的变化对于受控车的控制器影响较大，所以，以自车与前车的速度偏差作为一个奖励，若存在偏差，则给予一个负反馈，其表达式为

$$R_2 = -\omega_1 |v_2 - v_3| \tag{5.56}$$

式中，ω_1 为速度误差的权重，为正值；$v_2 - v_3$ 为受控车与前车速度误差。

若车辆在当前时刻与前车的间距比前一时刻更接近车辆的期望间距，那么可以给予控制器一个正奖励，反之，则给予一个负奖励，其表达式为

$$R_3 = \omega_2 (|\Delta x_{t-1}| - |\Delta x_t|) - \omega_3 |\Delta x_t| \tag{5.57}$$

式中，ω_2 为 t–1 时刻与 t 时刻两车间距误差变化量的权重，为正值；ω_3 为 t 时刻两车间距误差的权重，为正值；$\Delta x_t = x_2 - x_3 - hv_3 - L_{\text{car}} - L_{\text{safe}}$ 为 t 时刻自车与前车的间距；$\Delta x_{t-1} = x_2 - x_3 - hv_3 - L_{\text{car}} - L_{\text{safe}}$ 为 t–1 时刻自车与前车的间距。

为了保证车辆编队在高速下的稳定性，同时考虑乘坐舒适性，当受控车的控

制器输出的 $|a|$ 大于设定的阈值时，给予一个负反馈。对车辆加速度做出约束，其表达式为

$$R_4 = \begin{cases} 0, & -3.5 \leqslant a_3 \leqslant 2 \\ \omega_4(2-|a_3|), & a_3 > 2 \\ \omega_4(3.5-|a_3|), & a_3 < -3.5 \end{cases} \tag{5.58}$$

式中，ω_4 为受控车加速度权重，正值；a_3 为受控车的加速度。

综上，奖励函数 R，即

$$R = R_1 + R_2 + R_3 + R_4 \tag{5.59}$$

2. 神经网络结构设计

DDPG 的网络结构主要由 Actor 网络和 Critic 网络组成，包括 Target-Actor 网络、Actor 现实网络、Target-Critic 网络及 Critic 现实网络等四个神经网络。本书主要研究车辆编队的决策控制器，在设计试验平台时，不通过传感器来获得感知信息，所以本书采用全连接层神经网络来构建 DDPG 的网络。

根据 DDPG 的 Target 网络更新思想，Target 网络采用与现实网络相同的网络结构，所以只需要设计现实网络即可。Actor 网络结构图如图 5.18 所示，该网络由输入层、两层隐藏层以及输出层组成，输入层输入自车与前车及领航车的状态误差向量，FC layer1、FC layer2 为两个全连接层，分别由 150 个、100 个神经元组成，两层均采用 ReLU 作为该层的激活函数，输出层直接输出 K_p、K_i、K_d 三个动作值，使用 sigmoid 函数作为输出层的激活函数，经转换为动作向量 a_t 后输出。因输入状态向量包含距离偏差、速度偏差、减速度等值，为了在神经网络训练过程中使得每一层神经网络的输入保持相同的分布，从而提高网络的泛化能力及训练速度，在每层隐藏层的数据被激活函数激活前，引入一批归一化层(batch normalization, BN)，将输入数据分布转换为以 0 为均值，1 为方差的正态分布。

Critic 网络的结构图如图 5.19 所示，该网络总体结构与策略网络相近，不同的是该网络增加了动作输入。首先是基于自车与前车及领航车的状态误差向量作为输入，经 FC layer1 后，与动作输入向量共同输入到 FC layer2，再经过 FC layer3 后，输出 Q 值，其中隐藏层分别由 150 个、200 个、100 个神经元组成，FC layer1、FC layer3 均采用 ReLU 作为该层的激活函数，FC layer2 采用 linear 作为激活函数。同策略网络相似，在每层隐藏层的数据被激活函数激活前，引入了 BN 将输入数据分布转换为正态分布。

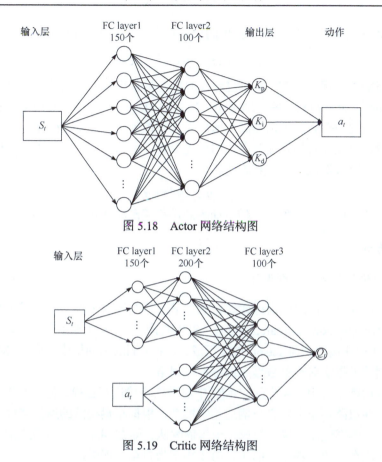

图 5.18　Actor 网络结构图

图 5.19　Critic 网络结构图

3. OU 随机过程

由于 DDPG 算法是一种确定性策略方法，当确定性策略梯度存在时，策略梯度的求解不需要在动作空间进行采样积分，因此相比于随机策略方法，确定性策略需要的样本数据较小，算法效率相对于随机策略也较高。但是，在强化学习训练中，确定性策略自身无法平衡探索和改进，而随机策略将探索和改进集成到一个策略中，从而探索潜在的更优策略。

DDPG 引入了 OU 随机过程，OU 随机过程是一个随机过程，连续状态空间下微分方程，其表达式为

$$\mathrm{d}x_t = -\theta(x_t - \mu)\mathrm{d}t + \sigma\mathrm{d}W_t \tag{5.60}$$

式中，x_t 为状态向量；μ 为均值；θ、σ 分别为回归均值与干扰项的权值，均大于 0；W_t 为布朗运动；$\mathrm{d}W_t$ 服从高斯分布，其表达式为

$$W_{t+1} - W_t \sim N[0, \sigma^2(t-s)] \tag{5.61}$$

式中，σ^2 为方差，它决定着干扰项的放大倍数，对式(5.60)积分可得其表达式为

$$x_t = \mu + (x_0 - \mu)\mathrm{e}^{-\theta t} + \sigma \mathrm{d}W_t \tag{5.62}$$

与高斯噪声相比，OU 随机过程在时序上具备很好的相关性，且具有马尔可夫性，而高斯噪声的相邻两步则是完全独立的。DeepMind 团队利用 OU 随机过程产生时序相关的探索，可以提高在惯性系统中控制任务的探索效率，其中惯性系统即环境。研究的目的是探索潜在的更优策略，所以在训练过程中，我们为动作的决策机制引入随机噪声，其表达式为

$$a_t = \mu(s_t \mid \theta^\mu) + x_t \tag{5.63}$$

式中，x_t 为 OU 随机过程，其随着训练的进行逐渐减弱噪声的影响。

5.4.2　仿真试验

1. 强化学习训练平台设计

为了提高神经网络的训练效率，减少下层控制器的干扰，本书采用基于城市交通仿真(simulation of urban mobility，SUMO)的强化学习训练平台，该平台主要由 SUMO 和外接控制器 Jetson TX2 组成，其中车辆的运动学模型由 SUMO 提供，外接控制器根据实时车辆数据来训练神经网络。

在本训练平台中，涉及在 SUMO 中对道路环境进行建模，包括道路形状和道路宽度。在道路环境上定义车辆运动学模型，根据车辆编队的通信结构及实际的控制需求，本书选用三辆车组成一个车辆编队，即在 SUMO 中定义三辆车，第 1 辆车为领航车，第 2 辆车为前车，第 3 辆车为自车，即受控车。

通过使用 Traci 交通控制接口，SUMO 将三辆车的速度、位置、加速度等信息传给第 3 辆车的控制器，该控制器通过强化学习算法决策出一个期望的加速度，并将控制量传给 SUMO 中的第 3 辆车。强化学习训练平台结构图以及仿真图如图 5.20 和图 5.21 所示。

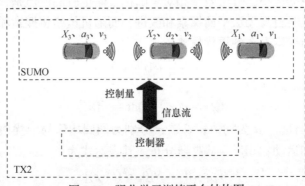

图 5.20　强化学习训练平台结构图

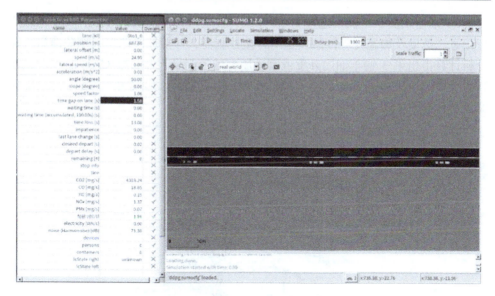

图 5.21　强化学习训练平台仿真图

2. HIL 仿真验证平台研究

为了更加真实地验证车辆控制器对车辆的控制效果，本书在硬件在环测试 (hardware in the loop，HIL)仿真验证平台中，考虑了车辆动力学模型对车辆控制的影响。该平台可验证基于常规 PID 控制器与基于强化学习的控制器的控制效果，它主要由 Trucksim、Simulink、外接控制器、NI-PXI、上位机等软硬件组成。

Trucksim 是一款专门针对客车、卡车和挂车进行动态仿真的软件，它主要由图形化数据库、车辆数学模型及求解器、仿真动画显示器和绘图器组成。该软件的主要特点是面向参数建模，不需要定义各部件的具体结构形式，只需要定义能体现各部件性能的相关参数。Trucksim 提供本平台的车辆动力学模型，可与 Simulink 实现联合仿真。

NI-PXI 是美国国家仪器(National Instruments，NI)公司研发的基于 PC 端的仿真平台，NI-PXI 实物图如图 5.22 所示。随着无人驾驶技术的不断发展，对于智能驾驶的测试场景要求也越来越丰富，由于实车测试存在着高昂的成本、无法预知的危险以及场景测试的局限性等诸多问题，搭建 HIL 仿真平台便成了一种高效、可靠的解决办法。

Trucksim 提供所需要的三辆车的动力学模型，其中，将前两辆车与 Simulink 进行联合仿真，车辆模型置于 Simulink 中，可在 Simulink 中设置领航车的运动状态，前车获取领航车的运动状态信息，通过分层控制器，计算出相应的控制量，实现自车稳定跟随领航车。第 3 辆车通过 LAN 线放置于 NI 中,从而实现 Trucksim

与 NI 的联合仿真，三辆车通过 CAN 总线将控制过程所需要的参数，如车辆的位置信息、速度及加速度等信息发送给外接控制器，外接控制器接收相关信息。经分析计算得出第 3 辆车油门开度或制动压力的控制量，并通过 CAN 总线发送给 NI 中的第 3 辆车，从而实现对车辆的控制，以此循环，形成闭环控制。HIL 仿真验证平台框图如图 5.23 所示。

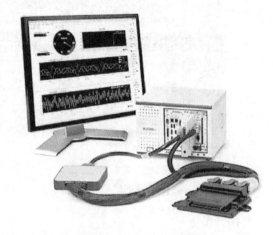

图 5.22　NI-PXI 实物图

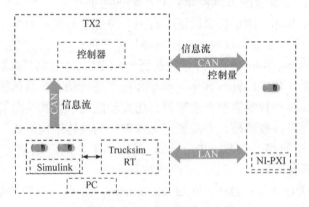

图 5.23　HIL 仿真验证平台框图

3. 强化学习 PID 控制器模型参数设置

在深度强化学习算法中，超参数的调整对于算法的收敛至关重要，通过观察在训练过程中的损失函数来判断当前模型所处的训练状态，及时调整超参数，可以更加科学地训练模型，提高资源利用率。

本书所设计的强化学习模型总的训练次数是 2500 个回合，每个回合有 5600 步，Actor 和 Critic 网络结构如图 5.18 和图 5.19 所示，其他具体参数见表 5.6。

表 5.6 强化学习参数汇总表

参数	取值
输入状态向量	6 维
输出动作向量	3 维
Actor 网络学习率	0.0001
Critic 网络学习率	0.001
Soft-target 更新率	0.001
经验池大小	10 万
Batch 大小	64
奖励函数权值 ω_1、ω_2、ω_3、ω_4	0.1、5、0.05、1
OU 噪声衰减率	1.25×10^{-6}
折扣因子	0.99

4. 仿真试验结果

基于 HIL 硬件在环仿真平台的列队跟随控制器的功能性分析主要验证车辆决策控制系统的逻辑性与有效性。为了体现基于深度强化学习的车辆控制器的泛化性能，控制器的验证工况要和训练工况不同。基于直线工况下的交通场景，结合对控制器的性能要求，具体设计了如表 5.7 所示的仿真试验工况。在车辆编队行驶中，主要考虑不同的初始速度、不同的稳定时距，以及不同的加速度、减速度等因素对控制器性能的影响。

表 5.7 功能性分析与验证工况表

项目	车队初始速度/(m/s)	a_+/(m/s²)	a_-/(m/s²)	稳定时距/s
工况 1	20	0.5	−0.5	2
工况 2	15	0.5	−1	2
工况 3	10	1	−2	1.5
工况 4	5	1	−1	1.5

基于常规 PID 控制器仿真试验采用人工调节 PID 参数的方法，车队的跟随控制器分为驱动工况和制动工况，驱动工况下的 K_p、K_i、K_d 参数分别为 8000、3500、850，制动工况下的 PID 参数分别为 5、1、0.2，前车的上层决策 PID 参数为 1、0.5、0.2，受控车的上层决策 PID 参数分别为 0.9、0.4、0.3。

在图 5.24～图 5.31 中，图(a)中实线、虚线、点画线分别为领航车、前车及受控车的速度曲线，图(b)中实线、点画线分别为前车与领航车、受控车与前车的间距曲线，图(c)中实线、虚线、点画线分别为领航车、前车及受控车的加速度变化曲线，图(d)中实线、点画线分别为前车与领航车、受控车与前车的间距与期望间距的误差曲线。

1) 工况 1 验证结果

车队初始巡航速度为 20m/s，匀速行驶 5s 后，领航车开始以 0.5m/s² 的加速度加速行驶，加速时间为 10s，而后车辆以 25m/s 的速度匀速行驶至 35s，对领航车施加一个 0.5m/s² 的减速度，持续时间为 10s，使车辆减速至 20m/s，行驶过程中，车辆保持 2s 的车间时距，路面无坡度且路面附着良好。基于 DRL 与常规 PID 的列队响应曲线分别见图 5.24、图 5.25。

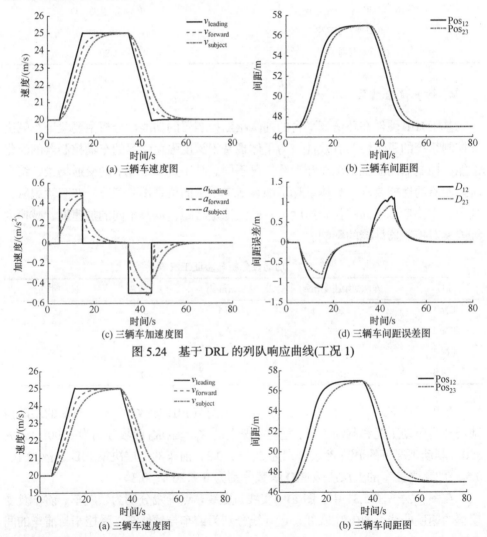

(a) 三辆车速度图 (b) 三辆车间距图

(c) 三辆车加速度图 (d) 三辆车间距误差图

图 5.24　基于 DRL 的列队响应曲线(工况 1)

(a) 三辆车速度图 (b) 三辆车间距图

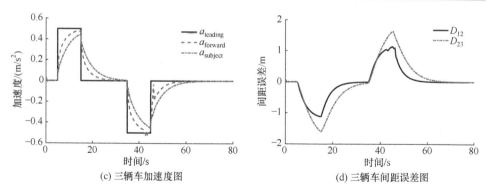

(c) 三辆车加速度图　　　　　　(d) 三辆车间距误差图

图 5.25　基于常规 PID 的列队响应曲线(工况 1)

2) 工况 2 验证结果

车队初始巡航速度为 15m/s，匀速行驶 10s 后，领航车开始以 0.5m/s² 的加速度加速行驶，车队加速至 20m/s 并匀速行驶至 40s，而后对领航车施加一个 1m/s² 的减速度，持续时间为 10s，使车辆减速至 10m/s，行驶过程中，车辆保持 2s 的车间时距。基于 DRL 和常规 PID 的列队响应曲线分别见图 5.26 和图 5.27。

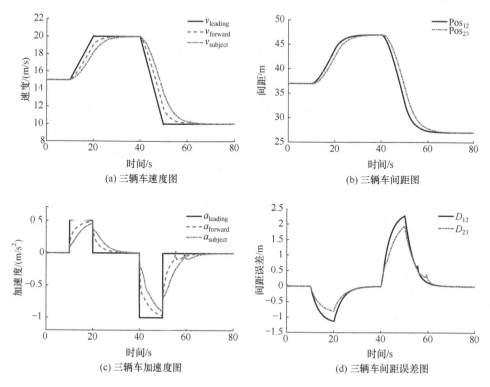

(a) 三辆车速度图　　　　　　(b) 三辆车间距图

(c) 三辆车加速度图　　　　　　(d) 三辆车间距误差图

图 5.26　基于 DRL 的列队响应曲线(工况 2)

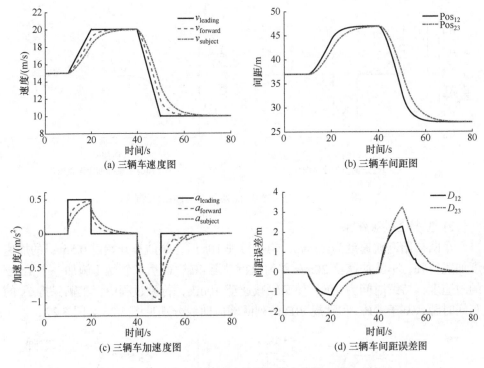

(a) 三辆车速度图　　　　　　　　　　(b) 三辆车间距图

(c) 三辆车加速度图　　　　　　　　　(d) 三辆车间距误差图

图 5.27　基于常规 PID 的列队响应曲线(工况 2)

3) 工况 3 验证结果

车队初始巡航速度为 10m/s,匀速行驶 15s 后,领航车开始以 1m/s² 的加速度加速行驶,车队加速至 20m/s 并匀速行驶至 45s,对领航车施加一个 2m/s² 的减速度,持续时间为 5s,使车辆减速至 10m/s,行驶过程中,车辆保持 1.5s 的车间时距。基于 DRL 和常规 PID 的列队响应曲线分别见图 5.28 和图 5.29。

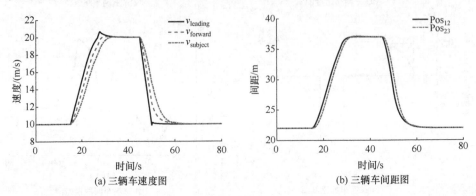

(a) 三辆车速度图　　　　　　　　　　(b) 三辆车间距图

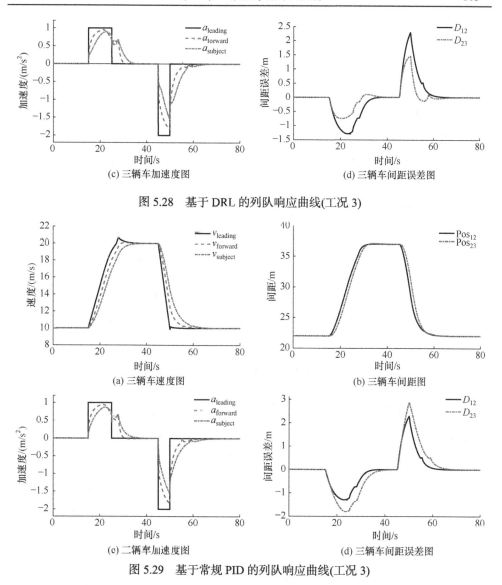

(c) 三辆车加速度图　　　　　　　　(d) 三辆车间距误差图

图 5.28　基于 DRL 的列队响应曲线(工况 3)

(a) 三辆车速度图　　　　　　　　　(b) 三辆车间距图

(c) 三辆车加速度图　　　　　　　　(d) 三辆车间距误差图

图 5.29　基于常规 PID 的列队响应曲线(工况 3)

4) 工况 4 验证结果

车队初始巡航速度为 5m/s，匀速行驶 10s 后，领航车开始以 1m/s² 的加速度加速行驶，车队加速至 15m/s 并匀速行驶至 40s，对领航车施加一个 1m/s² 的减速度，持续时间为 10s，使车辆减速至 5m/s，行驶过程中，车辆保持 1.5s 的车间时距。基于 DRL 与常规 PID 的列队响应曲线分别见图 5.30 和图 5.31。

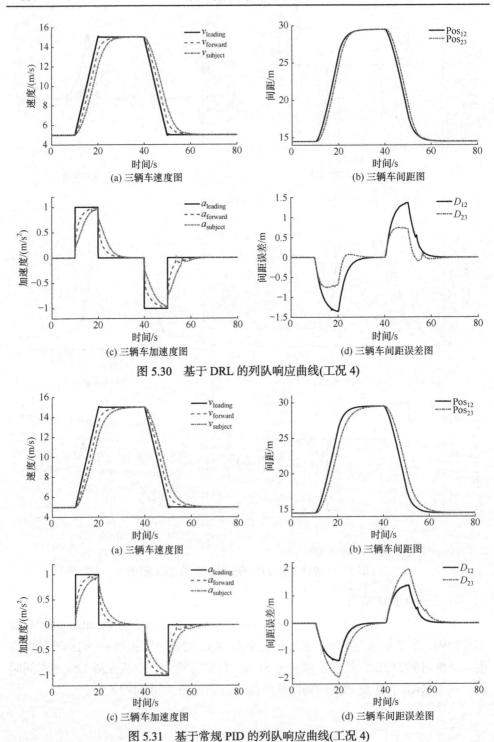

图 5.30　基于 DRL 的列队响应曲线(工况 4)

图 5.31　基于常规 PID 的列队响应曲线(工况 4)

5. 试验结果对比分析

为了更好地对比基于常规 PID 控制器与基于 DRL 控制器的控制效果,将两种控制器下的受控车响应曲线绘制于同一张图中。图 5.32、图 5.34、图 5.36、图 5.38 分别为列队功能性验证的工况 1 至工况 4 响应曲线,其中实线为基于常规 PID 控制器下的车辆响应曲线,点画线为基于深度强化学习的控制器响应曲线。图 5.33、图 5.35、图 5.37、图 5.39 为基于 DRL 的 PID 控制器的参数变化图,图中实线为 K_p 的变化曲线,虚线为 K_i 变化曲线,点画线为 K_d 变化曲线。

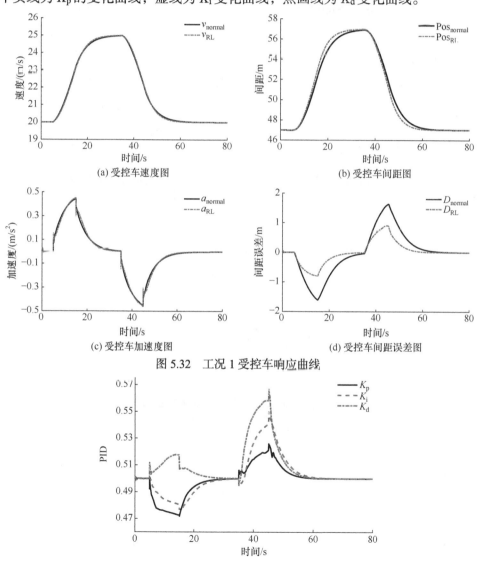

(a) 受控车速度图　　　　　　　　　　(b) 受控车间距图

(c) 受控车加速度图　　　　　　　　　(d) 受控车间距误差图

图 5.32　工况 1 受控车响应曲线

图 5.33　工况 1 下 PID 控制器参数变化图

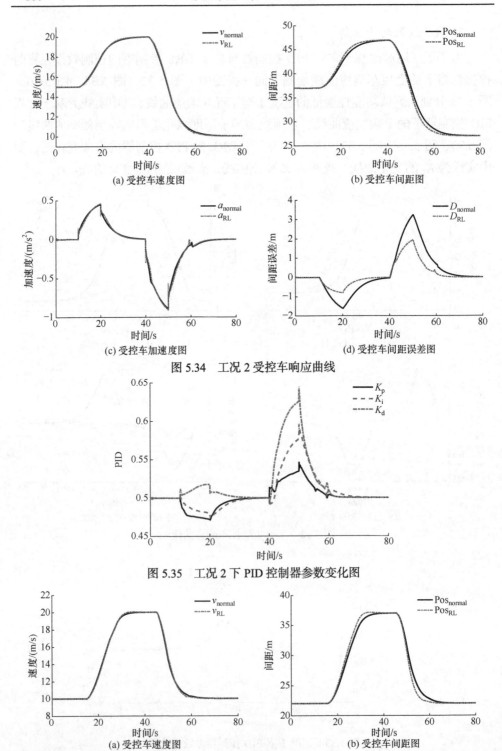

(a) 受控车速度图

(b) 受控车间距图

(c) 受控车加速度图

(d) 受控车间距误差图

图 5.34　工况 2 受控车响应曲线

图 5.35　工况 2 下 PID 控制器参数变化图

(a) 受控车速度图

(b) 受控车间距图

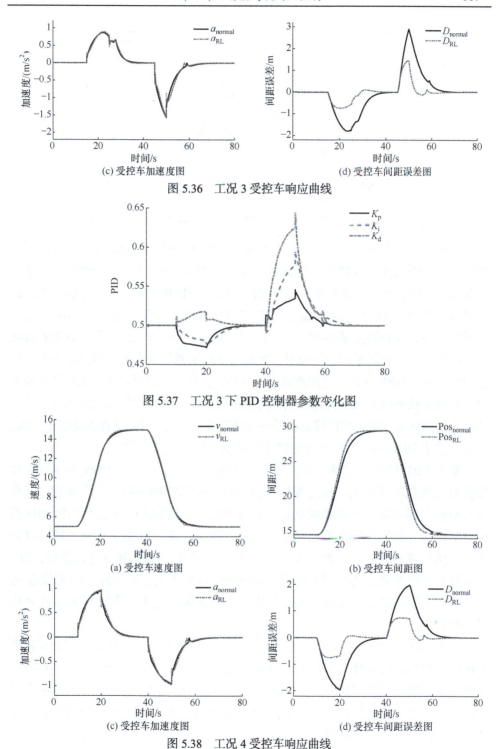

(c) 受控车加速度图　　　　　　　　　　　　　(d) 受控车间距误差图

图 5.36　工况 3 受控车响应曲线

图 5.37　工况 3 下 PID 控制器参数变化图

(a) 受控车速度图　　　　　　　　　　　　　　(b) 受控车间距图

(c) 受控车加速度图　　　　　　　　　　　　　(d) 受控车间距误差图

图 5.38　工况 4 受控车响应曲线

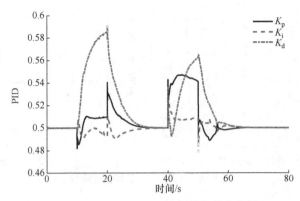

图 5.39　工况 4 下 PID 控制器参数变化图

　　通过对比以上四个工况的受控车响应曲线可知，基于 DRL 的 PID 控制器的控制效果要明显优于常规 PID 控制器。当车队开始匀速行驶时，两种控制器下的控制误差都比较小。当领航车开始加速时，常规 PID 控制器下受控车的最大间距误差为出现在工况 4 的−1.96m，而该工况下 DRL 控制器的最大间距误差为−0.75m，最大间距误差减小 62%左右，在其他三个工况下，最大间距误差普遍减小 50%左右。当领航车减速行驶时，常规 PID 控制器的最大间距误差出现在工况 2，为 3.23m，DRL 控制器的间距误差为 1.98m，最大间距误差减小 39%，其他工况下领航车减速时车队最大间距误差均减小 50%左右，优化效果比较明显。从车队稳定时间来看，常规 PID 控制器下的车队稳定时间比 DRL 控制器要多 6~10s。可见，基于 DRL 的 PID 控制器可以使车队更快地达到稳定状态。

　　基于 DRL 的车辆控制器通过与环境进行交互学习，能够利用奖励函数等反馈信号去优化决策策略，通过使用神经网络来拟合策略函数与价值函数，从而可以依据车辆与环境信息实现 PID 控制器参数的实时调整，来达到优化 PID 控制器的目的，提高车辆决策控制系统的自适应性。从 PID 参数变化曲线可以看出，车队匀速行驶阶段，PID 的三个参数在 0.5 左右，当车队变速行驶时，PID 参数开始发生变化，变化幅值根据车辆所处的状态而定。而常规 PID 控制器的三个参数一经设定，在车辆行驶过程中便无法改变，这无疑降低了 PID 控制器的控制效果。

　　由于车队采取的是固定时距的控制策略，当领航车开始变速时，后方车辆需要同时跟踪车队速度及车车间距。加速工况下，受控车速度增加的同时期望间距也在增加，减速工况则相反。所以在变速过程中，车辆的间距误差以及速度误差无法同时消除。但在整个控制过程中，车辆加速度、速度以及间距变化较为平稳，波动小，控制效果较为理想。

5.5　本章小结

本章首先介绍了智能车列队的背景与意义, 以及国内外现状。然后从信息流拓扑结构、车车跟随策略、列队模型、车辆动力学控制等方面介绍了智能车列队控制中几个重要的基础知识。针对智能车列队队形保持控制问题, 分别设计了基于非线性 PID 和基于深度强化学习的列队控制器两种方法。

参 考 文 献

[1] Zheng Y, Li S E, Wang J, et al. Stability and scalability of homogeneous vehicular platoon: Study on the influence of information flow topologies. IEEE Transactions on Intelligent Transportation Systems, 2015, 17(1): 14-26.

[2] Swaroop D, Hedrick J K, Chien C C, et al. A comparision of spacing and headway control laws for automatically controlled vehicles1. Vehicle System Dynamics, 1994, 23(1): 597-625.

[3] 余志生. 汽车理论(第 3 版). 北京: 机械工业出版社, 2000.

[4] Liang K Y, Alam A, Gattami A. The impact of heterogeneity and order in heavy duty vehicle platooning networks (poster). IEEE Vehicular Networking Conference, Amsterdam, 2011.

[5] Ploeg J, Nathan V D W, Nijmeijer H. Lp string stability of cascaded systems: Application to vehicle platooning. IEEE Transactions on Control Systems Technology, 2014, 22(2): 786-793.

[6] 于晓海, 郭戈. 一种协作式车队控制的新方法. 控制与决策, 2018, 33(7): 8.

第6章　智能网联测试技术

6.1　概　　述

尽管智能驾驶汽车在交通安全方面有着巨大的潜力，但在被广大消费者接受之前，必须证明它的性能、安全性和可靠性已经达到了很高的水平[1]。由于涉及许多组件之间的实时交互，智能驾驶汽车的开发和测试变得更加复杂，测试条件对于人员和材料的安全性也变得越来越重要。因此，面向安全的智能驾驶汽车的重复性、有效性和安全性测试方法的需求也越来越高。

传统汽车控制系统开发测试方法是典型的串行开发模式，由于存在开发效率低、测试改进困难、程序可移植性差等缺点，目前现代化开发测试已普遍采用 V 模式[2]。该模式因将整个开发测试过程构造成一个 V 字形而得名，如图 6.1 所示，它大量使用计算机辅助控制系统设计(computer-aided control system design，CACSD)，将计算机支持工作贯穿开发测试全程，使得开发、测试处在同一环境，每步开发过程都可方便验证、快速更新。V 模式开发测试流程主要包括模型在环(model in the loop，MIL)测试、软件在环(software in the loop，SIL)测试、硬件在环(hardware in the loop，HIL)测试、车辆在环(vehicle in the loop，VIL)，逐步完成了系统需求分析与仿真模型设计、子系统模型设计与原型系统下运行、仿真模型转换为产品代码、真实运行环境下子系统测试、整车系统集成测试与标定的开发测试工作。从结构角度分析，V 模式左侧表示系统功能的分析、分解与开发，右

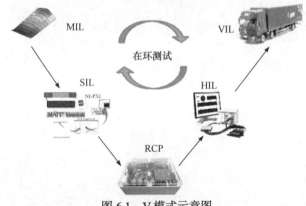

图 6.1　V 模式示意图

RCP 指快速控制原型(rapid control prototype)

侧表示系统功能的整合、综合与测试；左侧重在仿真模型开发，右侧重在软硬件结合测试；左右两侧有一定对应关系，在需求分析、系统设计、子系统设计等不同开发阶段都有相应的测试验证方案可采用，便于实现分层测试、迭代验证，最终完善控制系统[3]。

在 V 模型流程下，自动驾驶系统测试既要验证系统功能的安全性、可靠性，又要保证测试环境的真实、全面。按照测试技术方案，系统测试可分为"SIL-HIL-VIL-试验场地-实际道路"；按测试场景搭建方式，又可分为"仿真软件的模拟场景-受控场地的测试场景-公共道路的实际场景"。

测试流程是一个由模拟仿真逐步面向实际应用的过程，期间通过自然驾驶数据、实际环境信息、上路测试数据的采集标定[4,5]，不断验证和迭代完善系统功能。自动驾驶测试要充分考虑交通环境影响，相比传统 V 模式流程，软件离线仿真测试、实际道路测试及数据采集在整体开发测试流程中作用更加显著，且两者功能相互弥补、缺一不可。

软件离线仿真可进行大量、可重复性的模拟场景测试，并且可基于一个真实交通场景数据自动推演其他交通场景，实现多种环境元素可变可控，大大提高测试效率。

6.2　仿　真　测　试

6.2.1　软件在环仿真测试

软件在环仿真测试是在开发环境下(如 Simulink)，在模型构建过程中，经过对其输入多个测试用例，遍历各种可能遇到的工况，从而检验该模型能否符合预期的功能目标。

纯软件动态仿真是优化系统设计的最佳方案，设计者可以通过改变控制系统参数来观察系统性能的变化。在智能汽车研发阶段，智能汽车的系统算法设计需要不断地进行仿真测试和优化迭代，因此可利用车辆模拟系统和环境模拟系统两部分，进行算法仿真所需的车辆模型搭建和环境模型搭建，测试智能汽车系统算法在纯软件仿真环境下的表现情况，特别是可以通过搭建大量的仿真测试场景，去发掘算法中的缺陷。由于是在纯仿真环境下进行测试，可以将测试的计算速度加快，提升效率，缩短测试周期。

为适应自动驾驶汽车的虚拟测试需求，很多专业的自动驾驶虚拟测试软件平台应运而生，如 CarSim、CarMaker、PreScan、PTV-Vissim 等，不同仿真平台在车辆动力学建模、传感器建模及场景建模等方面各有优劣，选择合适的测试平台组成测试工具链是自动驾驶汽车全覆盖、低成本测试的研究热点[6]。

　　现在的自动驾驶仿真系统的构成十分复杂，各个仿真软件都有各自的优势和研发的重点，搭建一个完整的仿真系统也越来越需要多个软件互相之间的配合。典型的自动驾驶仿真平台包括以下六个方面。

　　(1) 根据真实路网或高精地图搭建或生成大规模虚拟场景的道路环境模块。

　　(2) 根据实际路测数据，或者是参数化交通模型生成测试场景的交通模块。

　　(3) 仿真各种传感器，包括摄像头、激光雷达、毫米波雷达、GPS、超声波雷达、惯性测量单元(intertial measurement unit，IMU)模块，既可以提供原始数据，又可以提供真值。

　　(4) 车辆动力学模型，可以根据 ADAS 或者自动驾驶系统的输入，结合路面特性对车辆本身进行仿真，完成闭环测试。

　　(5) 分布式案例存储和运行平台，可以通过添加硬件的方式大幅提高自动驾驶测试的里程数。

　　(6) 对接 ADAS 和自动驾驶系统的丰富接口，以及同电子控制单元(electronic control unit，ECU)、传感器进行 HIL 测试的设备。

6.2.2　硬件在环仿真测试

1. 硬件在环仿真测试原理

　　硬件在环仿真是采用虚实结合的仿真测试方法，将所关心的被测对象接入虚拟环境，完成被测对象的相关测试工作。HIL 测试在相关系统研发工作中，既能够解决纯粹数字虚拟仿真相较于现实工况太过简化的难题，又克服了在工程试验中烦琐、高成本、长时间等问题的制约。针对测试需求的不同，硬件在环仿真测试方法中可以对测试对象的信息输入和输出环境进行搭建,定义所需的测试用例，来完成测试工作[7]。

　　硬件在环仿真系统通常是指利用接近真实的实时模拟模型来取代实际被控对象部分或系统部件，而其中的目标控制系统等采用真实部件(即硬件)与系统实时模拟模型对接，通过仿真工作来测试和评估被测对象中的控制策略或者功能，以及系统的安全性、有效性等，从而快速完成目标控制系统的研发。

　　硬件在环仿真系统一般由三部分组成，其包括承担工作的硬件系统、用于仿真控制的试验管理软件以及为整个系统运行提供实时环境的实时软件模型,图 6.2 为硬件在环仿真系统结构图。其中系统实时仿真模型承担着整个硬件在环仿真系统中的核心位置，其能够将仿真环境和现实进行时间同步，从而使得所测试的硬件与虚拟仿真环境的数据交互频率等与实际相近[8]。

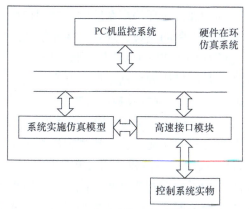

图 6.2　硬件在环仿真系统结构图

系统实时仿真模型是硬件在环仿真测试中虚实结合的切入点，因此具有极其重要的地位，是每一个硬件在环仿真测试系统的基础。当前比较主流的硬件在环实时仿真测试系统中，dSPACE、ETAS、NI、ADRTS、RT-Lab、NID 等使用比较广泛。

2. 典型案例

随着 ADAS 和自动驾驶等技术的发展，HIL 测试相比传统的车辆控制器测试，更能够应用实际的交通环境并测试更多的工况。因此虚拟环境的搭建是整个 ADAS 或自动驾驶测试的基础并贯穿于整个测试阶段。现阶段，国内外进行虚拟环境仿真的软件主要有 IPG 公司的 Carmaker、TASS 公司的 PreScan 及 OKTAL 公司的 Scanner 等。仿真软件具有多种传感器模型，如毫米波雷达、激光雷达及摄像头等，这些传感器可以代替实际控制器的感知传感器。为仿真实际交通环境，仿真软件中有多种常见的交通流元素，如行人、车辆、建筑物及道路等，这些交通元素可以构建虚拟测试环境，通过传感器模型将虚拟目标传递给控制系统，从而测试控制系统的控制功能是否正确[9]。

目前，车辆决策控制系统硬件在环仿真根据其测试内容大体可以分为两类：辅助驾驶系统决策系统硬件在环和自动驾驶决策控制系统硬件在环。

ADAS 硬件在环主要是为了研究车-车或者车-路协同预警辅助驾驶相关的算法，其中包括决策系统硬件在环和驾驶模拟器在环。而自动驾驶决策控制系统硬件在环是对智能车辆的驾驶"大脑"进行研发和测试，其主要内容包括智能车辆的行为决策模块、路径跟踪模块以及反馈控制模块三个方面。

硬件在环系统主要优势在于测试过程中突出测试者所关心的部分，其余部分尽可能接近真实的模拟，从而使所测试的"硬件"在测试功能达标后能够直接在实际运用中直接使用。因而硬件在环仿真系统的整体架构设计合理与否是系统好坏的决定性因素。在对智能驾驶的决策、规划及控制模块进行硬件在环系统设计时应以在测试成功后能够直接在实车上使用为测试出发点。因此在总体框架设计上应尽力保持仿真系统在被测模块的数据来源与结果输出与实际车辆运行过程中的状况一致，考虑到车辆的决策、规划及控制等模块正常进行硬件在环仿真工作，系统应包含有场景建模、决策模块、规划模块、控制模块、智能网联、多传感器、动力学、显示预警、数据分析等功能模块，典型智能汽车 HIL 系统框架如图 6.3 所示，其一般具有动力学模型、虚拟或真实感知模型(包括通信模型和传感器模型)、数据分析等。同时，为了便于所测试的智能驾驶决策控制系统能够进行快速的实车移植，HIL 测试系统一般要求通信结构和接口尽可能地与实际车辆相同，如控制器局域网络(controller area network，CAN)总线或者以太网等。

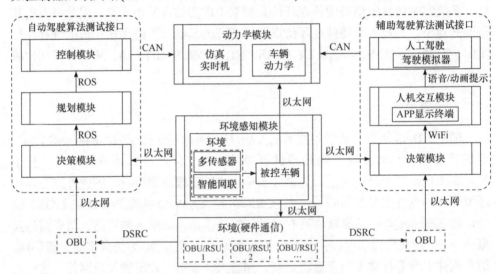

图 6.3　典型智能汽车 HIL 系统框架

下面对硬件在环系统主要模块进行介绍。

1) 环境感知模块

环境感知是智能驾驶的第一个环节，承担着智能驾驶车辆和外界环境信息交互的重要功能，其意义是能够令智能驾驶车辆更加逼近人类驾驶员驾驶过程中的感知能力，以此了解车辆自身行驶状态和周围的环境态势。智能驾驶车辆采集和分析环境数据的主要手段一般是状态感知和 V2X 网联通信，其中状态感知通常是使用车载传感器对周围和车辆自身运行环境数据进行获取和分析，主要包括交通状态感知以及车辆自身状态感知等。目前，众多与车辆决策控制相关的算法基本上都需要以传感器获取的环境感知数据作为算法的输入信息，因此在仿真系统中增添传感器模块是十分必要的(图 6.4)。

图 6.4　传感仿真效果图

传感器模拟系统有很多种, 如果分类的话, 可以从技术层面上大致分为四种: ①基于 Unity 或者虚拟引擎的, 如 Udacity、Carla、AirSim 等; ②基于 GTA(Grand Theft Auto)游戏软件的, 如 DeepDrive、PyGta5、DeepGTAV 等; ③基于汽车动力学仿真系统的, 如 IPG、PreScan、SimDriver、VIRES 等; ④基于机器人仿真系统的, 如 Gazebo、Webots、Morse 等。

V2X 网联通信用于多车或车路交互合作, 进行超视距感知, 提高车辆通行安全性和效率, 仿真系统以实际智能驾驶车辆环境感知过程及原理, 可建立半实物 V2X 通信模块。

从目前来看, 国内外在车联网仿真方面的研究工作均比较深入, 所以当前有非常多的与车联网相关的仿真系统和软件, 如 TraNS、MoVES、VSimRTI、NCTUns、Veins(vehicles in network simulation)等。通信仿真模块 Veins 框架图如图 6.5 所示。

Veins 是在智能网联汽车领域内比较受认可的车联网通信框架, 其中包含了 DSRC、LTE-V 等重要的车联网通信协议。Veins 是基于离散事件的网络模拟器 OMNeT++(objective modular network test bed in C++)和道路微观交通模拟器 SUMO 进行开发设计的。

Veins 为研究人员编写车联网仿真代码奠定了基础, 并且能够不做任何修改即可使用, 仅仅只需对几个测试用例进行参数配置。Veins 框架承担了除研究人员编写应用程序外的其他部分, 如构建模型底层的通信协议及车辆行人等节点的移动等工作, 使用合理配置的仿真参数, 即可保证仿真准确有效地执行, 同时在仿真过程中和仿真结束后对试验结果数据进行采集整理。

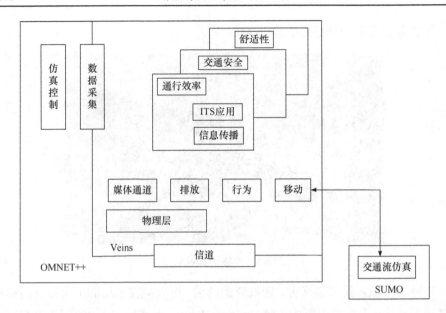

图 6.5　通信仿真模块 Veins 框架图

SUMO 是一个开源的道路交通仿真器，它可以实现对微观道路交通的仿真，也可以模拟一个给定的交通需求，如车辆以特定的行为通过给定的路网。SUMO 可以对车辆行驶规律、车辆驾驶行为、驾驶习惯、路径选择等内容详细描述，从而可以建立逼真的交通仿真场景。SUMO 通过 TraCI 扩展接口，将仿真生成的车辆信息数据传输到其他的外部程序中使用。

Veins 框架下网络仿真软件 OMNeT++和交通仿真软件 SUMO 数据实时交互的接口为 TraCI。TraCI 采用 C/S(client-server model)方式，OMNeT++ 作为仿真系统服务器端，SUMO 充当仿真系统的客户端，从而实现对每个模拟车辆的移动属性控制。

网络仿真软件 OMNeT++是一个能够扩展和分模块的、基于组件的网络模拟仿真器，其能够仿真真实网络方面的问题，并进行无线通信仿真、仿真库集成以及仿真系统集成等。

考虑到辅助智能驾驶相关仿真测试，由于设备的型号、定义的协议、相关的辅助驾驶算法等的不同，而且直接进行路测耗费成本和周期较大，通信仿真系统可选择加入通信设备 OBU(on board unit)/RSU(road side unit)硬件在环，其可根据具体情况直接选择与仿真环境之外的 APP 或者决策器等模块进行通信。场景中部分实际车辆通过与仿真在环的通信设备进行通信，而仿真环境中的车辆并不知道仿真中的部分数据来源于真实车辆数据，仍然进行正常的通信仿真流程。在实际环境中，当车辆到达 V2X 的通信距离时，实际车辆可以与仿真环境中的车辆进行数据上的交互，通信内容为 GPS 坐标、速度、加速度、航向角等，建立与真实车载通信模块 OBU、路侧通信模块以及车载智能"大脑"的数据流动通道。

　　为了实现车载通信单元 OBU 及路侧通信单元的硬件在环仿真，可通过网线与硬件在通信仿真的应用层加入与硬件通信的 TCP/IP(transmission control protocol/inter protocol)协议接口。每当车辆到达预设的通信时间时，应用层将会采集自身车辆的速度、位置等相关数据，填写进规定格式的数据帧内并基于 DSRC 协议对在该仿真车辆通信范围的所有通信仿真节点进行广播。若该仿真车辆映射有实物通信设备 OBU/RSU，数据帧在仿真广播的同时也会发送至实物通信设备应用层并在设备的应用层激活发送该数据帧的相关指令，立刻在现实环境中广播该数据帧，其通信范围内的其余通信设备将会接收该广播并解析完成后通过 TCP/IP 协议传入与该通信设备相映射的仿真通信节点或者被测车辆的决策模块等，在仿真软件中的数据发送通信仿真流程图，如图 6.6 所示。

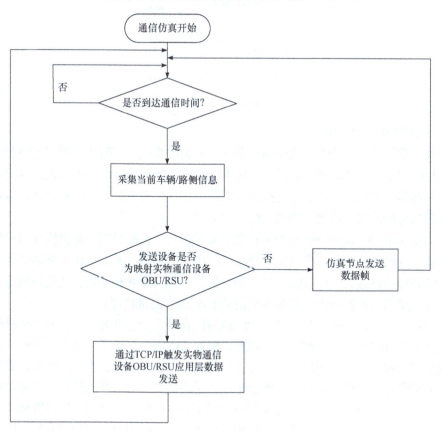

图 6.6　通信仿真流程图

无论是通信模块中的 OMNeT++还是传感器模块中的 Webots，于 SUMO 的数据通信而言，都是基于 TCP/IP 协议的数据交互模式，均使用 TraCI 命令进行控制，地位均为客户端，SUMO 为服务器，这为多个 SUMO 合一提供了前提。软件框架变化示意图如图 6.7 所示。其中控制状态包含实时系统中的时间和被控车辆的位置、速度等状态，以及路侧信息控制状态。

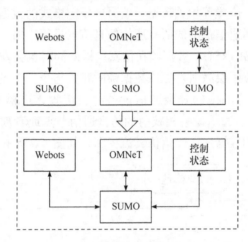

图 6.7　软件框架变化示意图

2) 实时动力学模块

动力学模块中一个非常关键的环节在于其实时系统，实时系统相当于整个系统运行的中枢，推动着系统的运行，为整个仿真系统提供实时环境，使仿真的执行步长与车辆实际运行过程中的执行步长相同，增加被测试算法的有效性，以期算法测试完成后能够达到直接投入使用的效果。

NI 公司的 NI VeriStand 可为客户提供实时仿真、数据采集、通信协议和控制等功能，并将其集成在一个通用的硬件系统中，而且通过界面操作即能够实现实时测试环境的搭建，完成 HIL 测试试验中所需要用到的各种功能，达到预期的试验目的，是当前在行业内功能最为全面的 HIL 仿真测试软件。

NI-PXI 是 NI 公司研发的基于 PC 端的仿真平台，它可为工程技术人员提供具体方案来解决全球最严峻的工程难题。随着 ADAS、汽车雷达及车联网等一系列汽车技术被广泛应用到嵌入式系统，使得嵌入式软件的复杂性不断增加，需要测试的场景也不断增多，基于这种情况，NI 平台的灵活性，可以使我们更方便地设置 HIL 系统来达到汽车电子控制器的测试要求，而且可以更加方便快捷地添加测试功能，在达到 HIL 测试需求的同时，也保证了良好的稳定性和可靠性，同时还大大缩短了整个仿真周期。

PXI 系统主要由三部分组成，即机箱(chassis)、控制器(controller)及外围模块(peripheral module)。

目前在汽车领域内较为认可的动力学软件有 CarSim/Trucksim、PreScan 等，将这些软件与实时模型进行结合，可以较为理想地完成 HIL 测试系统的动力学模块的模拟工作。例如，将动力学仿真软件 Trucksim 与 NIVeriStand 实时系统相连接，将 Trucksim 中动力学相关模型发送至 NIVeriStand 内，完成动力学实时仿真模块。

3) 辅助驾驶的人机交互模块

为了保证车辆与路侧系统间畅通的无线通信以及车速引导信息的即时反馈，一般需要开发基于 Android 平台的车载设备 APP。车载设备与路侧系统建立连接，车载显示终端与车载设备之间通过无线网连接。车载显示器-APP 显示界面如图 6.8 所示。

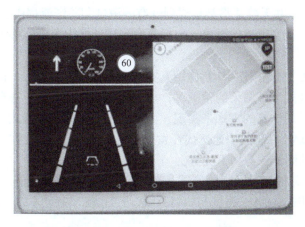

图 6.8　车载显示器-APP 显示界面

左侧区域为车辆在路口中的信息，其中上面区域包含了路口的基本信息，左半部分为信号灯的灯色和时间信息，表明了左转、直行、右转三个方位的信息，在本仿真系统中，采取灵活、简易、易于获取、人机界面友好的 APP 作为车载显示器。利用任一款基于 Android 系统的智能移动手机或平板电脑，可以安装该款 APP，并在连接车载处理单元或者通信单元 OBU 自带网络热点的条件下即可实现信息的实时显示。

右侧区域可基于百度地图的定位显示，提供车内 GPS 定位服务。车载 APP 具有非常简单实用的 UI 界面，操作简易上手快，在离线百度地图的前提下，无须烦琐操作，只需手动连接 OBU 的 IP 端便可即时显示路侧单元反馈的信息。车载 APP 的开发语言为 JAVA，其本身就具有比较良好的可移植性。客户端目前支持主流的 Android 平台，软件更新方面有即时的消息提醒，随着系统的应用，客户端将支持其他如 iOS、Windows 等平台。

6.2.3　车辆在环仿真测试

　　未来的智能车辆将在日益复杂的情况下为行驶场景提供更多支持。这就要求采用新的方法来进行安全且节约资源的测试和验证。"车辆在环"方法旨在通过在虚拟现实测试环境中添加虚拟场景来弥合基于模拟的测试环境与现实汽车测试之间的差距。车辆在环仿真测试是将整车嵌入虚拟测试环境中,进行实车和仿真环境相结合的测试方法,经过模拟场景对实车的相关性能进行测试的技术。

　　车辆在环的基本思想是使用合适的工具实时地将实际车辆中的系统生成关键的驾驶情况,然后评估响应,协助相应测试对象完成测试,从而使测试案例可复现且尽可能真实,如测试在紧急情况下的制动系统,将碰撞目标对象用于表示车辆、行人等。VIL 方法旨在弥合虚拟与现实的差距,在真实的车辆测试和虚拟场景之间进行交互,并无缝地将其集成到现有的测试和验证流程中。在这个过程中,该方法必须满足现实世界的要求,包括真实测试环境中车辆的移动和虚拟对象的模拟生成。

　　与传统 HIL 测试相比,VIL 使用真实车辆替代了车辆模型,很大程度上提高了被测控制器性能测试结果的精确度;与实车测试相比,由于将实现复杂且难以复现的交通场景用仿真的方式来实现,可以快速地建立各种测试工况,工况的可重复性使得 ADAS 算法的快速迭代开发成为可能。总之,VIL 弥补了实车测试与HIL 测试之间的鸿沟,有如下优势。

　　(1) 实现快速的场景及驾驶测试,高效验证各控制器的功能。

　　(2) 可以测试 ADAS 系统与执行系统(动力系统、制动系统、转向系统)间的交互功能。

　　(3) 降低实车测试的难度和风险,减少交通事故和风险。

　　(4) 减少对场地、真实交通和试验车辆的需求,可复用 MIL 和 HIL 测试的测试场景。

　　目前,VIL 测试大体分为两类:封闭场地实车在环和转毂平台实车在环[4],其中封闭场地实车是将实车放置于空旷安全的封闭场地中,通过仿真系统对环境进行模拟,生成虚拟感知数据,从而驱动车辆行驶完成测试的工作,保证车辆运行状态与实际道路行驶近似。其封闭场地实车在环测试如图 6.9 所示。

　　转毂平台实车在环为车辆室内静止测试,通过实验室搭建一个完整的模拟交通测试环境,包括道路设施、交通车辆、行人、自然环境等,将真实车辆置身于模拟测试环境中完成不同的驾驶任务,实现多种多样的交通车辆配置及复杂的局部交通场景。

图 6.9　封闭场地实车在环

　　两类测试各有优劣，封闭场地实车在环可靠性较高，其车辆运行情况更加贴近于真实，但存在成本、周期及安全性等方面问题。转毂平台实车在环在测试周期和成本方面有较大的优势，可重复性高，但由于车辆在室内静止，因而与实际车辆行驶工况存在一定的差异。

　　VIL 关键之处在于将实车与仿真场景之间进行数据交互，包含实车在虚拟环境中的映射和虚拟环境对实车感知信息的传递。VIL 通过将自动驾驶系统集成到真实车辆中，并在实验室条件下构建模拟道路、交通场景以及环境因素，可系统地实现基于多场景的自动驾驶车辆功能与性能测试。典型的车辆在环仿测试方案如图 6.10 所示，VIL 测试平台总体结构一般由交通仿真场景、自动驾驶控制系统、真实测试道路上的物理车辆三部分组成。

　　按照信号的注入方式，仿真测试主要有目标注入、传感器原始信号注入及传感器在环三种形式。其中目标注入是将目标信号直接输入给控制器的控制层，在系统中执行控制策略部分；传感器原始信号注入是将传感器探测到的信号直接输入给传感器，在系统中执行传感器目标识别和功能控制部分；以摄像头为例，传感器在环即看屏幕的形式，系统部分执行传感器环境感知、目标识别和功能控制，目前主要用于测试自动泊车辅助(automatic parking assist，APA)系统及自动制动系统等工作系统。比较成熟的测试有基于超声波传感器的 APA 测试系统，其将虚拟测试环境中的目标信息通过超声波仿真器传递给超声波传感器，实现在实际场地中可采用虚拟测试环境的形式开展试验。

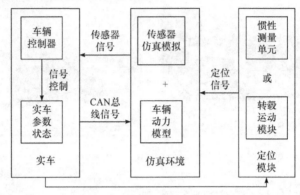

图 6.10　典型车辆在环仿测试方案

交通仿真场景中,不仅可以生成可控的程序化车辆流、行人、动物等动态背景物体,还可以接入驾驶模拟器,控制特定的背景车辆,模拟人类驾驶习惯,构成更加真实、严苛的仿真测试环境。交通仿真场景服务器独立于真实道路上的物理车辆,放置在试验室中,因此不会受到场地、供电和计算能力的限制,尤其是系统中不需要模拟复杂的车辆动力学模型,大幅度降低了对虚拟场景服务器计算能力的要求。从而允许多台被试自动驾驶车辆在同一个交通仿真场景中进行同步测试,可用于模拟和分析多台自动驾驶车辆(包括不同控制算法)在同一个交通场景下的交互模式及相互间的影响。实现多辆被试自动驾驶车辆、程序化背景车辆流和人类驾驶特性车辆共存的交通状况。

VIL 测试方法可以无缝集成到已经存在的测试过程中,是基于仿真的测试方法(MIL、SIL、HIL)和真实环境测试之间的桥梁。通过将虚拟场景添加到实际测试环境中,将两种测试类型的元素结合在一起。这种操作原理使得在功能开发的早期和晚期都可以使用测试方法。在早期阶段,当目标硬件尚不可用时,可以通过 VIL 在实际车辆中测试相应的功能。也可以在现实的基础上验证 MIL、SIL 和 HIL 测试用例。在开发过程的后期阶段,可以在进行道路测试之前,使用 VIL 来提高系统的安全性和可靠性。VIL 方法可用于测试过于危险而无法对实际目标对象执行的场景,包括高相对速度下的碰撞或狭窄避让场景以及多对象场景等。

6.3　道 路 测 试

6.3.1　基本概念

真实道路测试是指在现实道路和真实交通环境下开展的测试,其一般可分为封闭园区测试和开放道路测试,该测试方法特殊性主要体现在测试方法是结合特定测试环境的专用测试方法，无法推广到其他测试工具。公共道路可以提供完全真实的、非人工模拟的交通场景，所有交通参与者、气候条件、道路条件都真实存在，不受人为控制。由于所有事件均是随机发生的，测试中无法预设测试初始条件，车辆在真实道路行驶的过程均是测试过程，此类测试对自动驾驶系统提出了更高的要求[5](表 6.1)。

表 6.1 仿真测试与道路测试对比分析

测试指标	虚拟测试	封闭场地测试	公共道路测试
测试真实度	取决于模型的真实度，相比较而言真实度较低	较为真实，但缺少真实的其他交通参与者的动态变化要素	与实际上路的自动驾驶汽车的行驶环境一致
测试成本	软件系统成本相对较低	测试场地搭建成本较高	需要多人多车长时间行驶
测试效率	多核心并行测试可极大提高仿真速度	可针对性地对关键场景进行强化测试	基于道路里程的测试方法需要多人多车长时间行驶
可重复性	可根据定义数据搭建相同的测试场景	可通过场景配置要求进行场景要素的重构	不可进行公共道路上的重复性测试
测试场景数量	在给定逻辑场景参数空间的情况下可生成任意数量的测试场景	由于试验场地限制，虽然可根据场景要素的改变尽可能多地构建场景，但相比虚拟测试和开放道路测试场景数量仍较低	在测试时间足够长的情况下可以遇到尽可能多的所需的测试场景
测试目的	嵌入系统开发的各个环节，进行海量的场景测试，验证自动驾驶功能的边界	对关键场景进行验证，同时可通过配置场景要素构建现实中未遇到或概率低的场景类型，验证系统在边界情况下的操作	明确相关事件的统计学规律，在实际情况中验证系统边界，检测自动驾驶汽车与传统车辆之间的交互，发现未被考虑到的新场景

真实道路测试是确认自动驾驶汽车可靠性最为重要的一种测试方法。道路测试是开展智能网联汽车技术研发和应用不可或缺的重要环节，仿真测试永远不能代替真实道路测试。车辆在各种道路交通状况和使用场景下都能够安全、可靠、高效地运行，自动驾驶功能需要进行大量的测试验证，经历复杂的演进过程。实车测试则主要分为封闭场地测试和公开道路测试两种测试方法。封闭场地测试具有较高的安全性，但是测试场景过于简单，且场地投资成本高；道路测试虽然具有丰富的测试场景，但是测试安全性较低，且无法穷尽所有交通场景。智能网联汽车在正式推向市场之前，必须要在真实交通环境中进行充分的测试，全面验证自动驾驶功能，实现与道路、设施及其他交通参与者的协调。目前，美国、英国、法国、德国、瑞典、日本、韩国、新加坡等发达国家已经允许智能网联汽车上公共道路或特定路段进行测试，大部分国家要求智能网联汽车在上公共道路或特定路段进行测试之前需要进行充分的封闭场地试验，部分国家需要测试车辆通过第

三方的测试评价[10]。

近年来，我国政府高度重视智能网联汽车产业发展，已将智能网联汽车列入十大重点发展领域之一。2018年4月，工信部、公安部、交通运输部三部委联合发布《智能网联汽车道路测试管理规范(试行)》，管理规范要求测试车辆应在封闭道路、场地等特定区域进行充分的实车测试，并由国家或省(市)认可的从事汽车相关业务的第三方检测机构进行检测验证，测试车辆必须通过封闭测试区的测试，并且申请路测牌照后才能在指定道路和区域行驶[11]。2018年12月，工信部印发了《车联网(智能网联汽车)产业发展行动计划》，发展行动计划目标为在2020年实现车联网(智能网联汽车)产业跨行业融合取得突破，具备高级别自动驾驶功能的智能网联汽车实现特定场景规模应用，车联网综合应用体系基本构建，用户渗透率大幅提高，智能道路基础设施水平明显提升，汽车智能化已经成为我国产业发展的战略方向。

智能网联汽车测试示范区的建设和运营对于我国智能网联汽车的发展至关重要。近年来，测试示范区建设初具成效，测试体系初步形成，中央及地方相关主管部门陆续出台政策规划，在项目支持、测试示范区建设与应用等方面营造良好的生态环境。道路测试是自动驾驶车辆积累测试数据、不断提升自动驾驶能力的有效手段，是自动驾驶车辆最终上路运行的必经阶段。封闭场地测试作为自动驾驶测试验证的重要环节，是自动驾驶车辆道路测试的前提条件，开放道路测试将进一步为智能网联汽车技术落地和场景应用提供真实的测试环境。

不论是开展智能网联汽车测试示范区的调研和研究，对典型示范区进行系统考察，摸底示范区测试基地的场地建设、基础设施和实际运营情况，还是探索测试示范区的发展趋势，发现存在的问题等，都有利于引导现有测试示范区的改进升级和未来新示范区的规划和建设，起到提高测试效率、节省国家资源、实现资源共享的作用，同时为主管部门提供决策支撑，为行业发展方向提供参考依据。

6.3.2　典型测试案例

我国的智能网联汽车测试示范区包括封闭测试区和开放道路测试情况两部分。一方面，封闭测试区中有工信部等部委支持推进的国家级测试示范区，另一方面，我国部分城市也出台了道路测试管理规范，对满足条件的申请者发放公开道路上的路测牌照。

1. 封闭区实车测试

我国国家级测试示范区具体如下(排名不分先后)：
(1) 国家智能网联汽车应用(北方)示范区；

(2) 国家智能汽车与智慧交通(京冀)示范区;

(3) 国家智能交通综合测试基地(无锡);

(4) 国家智能网联汽车(上海)试点示范区;

(5) 浙江 5G 车联网应用示范区;

(6) 武汉智能网联汽车示范区;

(7) 国家智能网联汽车(长沙)测试区;

(8) 广州智能网联汽车与智慧交通应用示范区;

(9) 智能汽车集成系统试验区(i-VISTA);

(10) 中德合作智能网联汽车车联网四川试验基地。

我国各地的测试示范区具有差异化的气候条件和地貌特征,形成区域性互补,能够使智能网联汽车在丰富的条件下开展测试,为各测试示范区测试数据共享后的数据多样化和全面性提供基础条件。目前已建成的测试示范区基本涵盖了城市道路、乡村道路等场景,具备较为完善的场景设施和智能网联设备,部分测试区已经搭载了 5G 通信设备,信号可以覆盖全封闭测试区。上海、长春、北京、长沙等测试区积极同高校和企业合作,具备一定的科研能力,参与了智能网联汽车的改装和开发,融合了研究和测试工作。例如,长春测试示范区改装了红旗、大众等品牌汽车及观光巴士,还自主研发了模拟和测试设备。部分测试区建立了自己的实验室,组建研究团队开展试验研究工作。例如,长沙测试示范区建立了智能系统检测实验室,用于开展智能网联汽车的仿真试验[11]。

2. 公开道路实车测试

我国在开放道路测试上,北京、上海、天津、重庆、广州、武汉、长春、深圳、杭州、无锡、长沙、保定、济南、平潭、肇庆等多个城市出台了道路测试管理规范,划定了具体道路开放区域。据不完全统计,截至 2019 年 2 月 21 日,全国共有 22 个省(市、区)出台了智能网联汽车测试管理规范或实施细则,其中有 14 个城市发放测试牌照,牌照数量总计 100 余张。

6.4　平　行　测　试

6.4.1　平行系统概述

平行系统是 21 世纪初提出的原创技术,它通过一套实际系统与人工计算过程之间的平行交互,为兼具高度社会性和工程复杂性的问题提供解决方案,并且在多领域的研究中取得了良好的效果,如图 6.11 所示,平行系统可以分为理论层、方法层、技术层、平台层和应用层[12]。

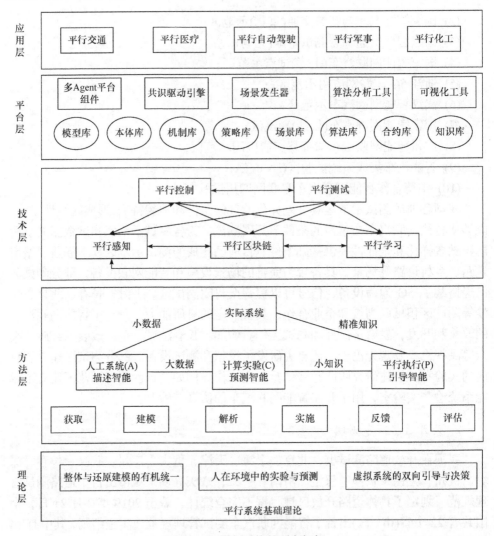

图 6.11　平行系统的研究框架

平行系统是复杂自适应系统理论和复杂性科学在社会物理信息系统(cyber physical social system，CPSS)[13]中的延展和创新[14]，是整体和还原相结合、实际和人工相结合、定性和定量相结合的新型技术框架。平行系统将强调宏观层面高层涌现与演变规律的整体建模与注重微观个体层面特征刻画与行为交互的还原建模有机结合[15]，通过全面、准确地刻画参与个体的特征、行为和交互机制，实现对复杂整体的建模，进而涌现和演变出复杂系统的规律。基于虚拟场景，利用自适应演化等方法驱动试验，评估各类参数配置、技术方案的效果，实现对人和社会对系统影响的建模；通过实际与人工系统协同演化、闭环反馈和双向引导[16]，实现对实际系统的目标优化。平行系统的本质就是把复杂系统中"虚"和"软"的部分，通过可定量、可实施、可重复、可实时的计算试验，使之硬化，以解决实际复杂系统中不可准确预测、难以拆分还原、无法重复试验等问题[17,18]。

平行系统的核心是人工系统、计算试验、平行操作(artificial societies，computational experiment，parallel execution，ACP)方法，其基于 ACP 的平行系统架构体系如图 6.12 所示，主要由三部分组成。

(1) 由实际系统的小数据驱动，借助知识表示与知识学习等手段，针对实际系统中的各类元素和问题，基于多智能体方法构建可计算、可重构、可编程的软件定义的对象、软件定义的流程、软件定义的关系等，进而将这些对象、关系、流程等组合成软件定义的人工系统(A)，利用人工系统对复杂系统问题进行建模。

(2) 基于人工系统这一"计算实验室"，利用计算试验(C)，设计各类智能体的组合及交互规则，产生各类场景，运行产生完备的场景数据，并借助机器学习、数据挖掘等手段，对数据进行分析，求得各类场景下的最优策略。

(3) 将人工系统与实际系统同时并举，通过一定的方式进行虚实互动，以平行执行(P)引导和管理实际系统。从流程上而言，平行系统通过开源数据获取、人工系统建模、计算试验场景推演、试验解析与预测、管控决策优化与实施、虚实系统实时反馈、实施效果实时评估的闭环处理过程，实现从实际系统的"小数据"输入人工系统，基于博弈、对抗、演化等方式生成人工系统"大数据"，再通过学习与分析获取针对具体场景的"小知识"，并通过虚实交互反馈逐步精细化针对当前场景的"精准知识"的过程。

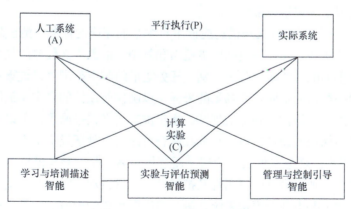

图 6.12 基于 ACP 的平行系统架构体系

6.4.2　平行测试理论

复杂的工业产品往往需要大量的验证和测试才能保证其可靠性，以无人驾驶为例，Intel 公司的自动驾驶首席架构师 Weast 曾指出，如果要达到无人驾驶安全上路的要求，大概需要进行 300 亿英里的道路测试，这十分不利于企业在激烈的行业竞争中取得优势。为了在保证系统鲁棒性的同时提升系统测试和验证的效率，一些研究提出了以计算机仿真技术为基础的虚拟测试技术，使测试系统能够在短时间内处理数千个任务的定量测试。但是，基于仿真的测试高度依赖于人类专家们的知识来正确地设计场景，同时，通过仿真测试的某些场景也需要在现场测试中重新评估和验证，以验证测试系统的可靠性。为此，人在回路的平行测试系统[19]应运而生，其通过融合人类专家与计算机系统的优势[19,20]，使系统具有在人类专家指导下自动升级的认知机制，同时引入对抗式学习模型，以自动生成新的任务实例，进一步提升其自动测试验证能力。该系统成功应用于中国智能汽车未来挑战赛，为这一世界上规模最大、连续举办时间最长的自动驾驶比赛提供了有效的测试支持。

平行测试是一种虚实互动实现车辆智能闭环评估与提升方法[21]，是平行系统理论的一个典型运用。平行测试通过融合人类专家与计算机系统双方的优势，构建一个智能测试模型在回路智能测试模型，使系统具有在人类专家指导下自动自我升级的认知机制，同时引入对抗式学习模型，以自动生成新的任务实例，这些任务实例可以呈现复杂、动态的交通场景，促使无人驾驶车辆进一步提高适应复杂环境的能力。

系统实现主要包括三部分。

(1) 建立一组语义定义来描述应该由自主车辆完成的任务。测试驾驶场景的每个语义实体将在语义任务空间中被检索和复制。抽象语义任务的复杂性还提供了描述自主车辆能力的统一分类级别。任务矩形的时空范围可以被重新排列，实现对属于同一类别的不同驾驶场景的采样，以确保所设计的自主车辆能够适用于此类驾驶场景。根据预先确定的规则，逐步增加语义任务原子，可以增加测试的复杂度，最终保证所设计的自主车辆在所有可能的驾驶场景下工作。

(2) 为指定的任务实例实现测试。通过将实际道路试验与模拟道路试验虚实对应紧密结合，加强测试的可用性及扩展性。通过自动且实时地收集实际道路试验产生的新数据并更新至模拟系统，进一步扩展系统知识库。此外，通过将模拟系统中的模拟测试完全对应现场测试，并比较它们的输出，不时地更新模拟系统。以这样的方式，实现模拟系统与实际系统的闭环反馈，实时、自动、准确地采集各种车辆测量数据。

(3) 对自动驾驶车辆的性能和语义任务的难度进行评价，以寻求最具挑战性的新语义任务。通过建立与每个特定语义任务相关的定量性能指标，以公平、快速地评估自主车辆的性能。

6.4.3　典型应用

平行测试系统成功支持了中国智能汽车未来挑战赛(Intelligent Vehicle Future Challenge，IVFC)这一世界上规模最大、连续举办时间最长的自动驾驶比赛。2009～2018 年举办的 IVFC，使平行测试系统不断升级，以对工业自动驾驶车辆进行系统、定量、自动和安全的测试。应用结果表明，该系统大大减轻了竞赛组织者和测试工程师的负担。例如，在 2015 年 IVFC 系统尚未应用时，超过 30 名比赛裁判在现场测试 12 小时后，在给出参考分数之前，对比赛期间共 25 辆自主车辆的视频记录进行检查，随后，还需花费 3 小时与自动驾驶车队进行复核。在系统首次应用的 2016 年 IVFC 中，10 名比赛裁判在现场测试后不到 1 小时，对任务评估系统自动计算的全部 20 辆自主车辆的参考分数进行了检查。最后各参赛队只花了 10 分钟就完成了对于比分的辩论与确认。

室外试验系统也提高了现场试验的安全性。在国际平行驾驶联盟(International Parallel Driving Alliance，IPDA)(由来自中国、欧洲和北美的 18 所大学/研究机构组成)在 2018 年的 IEEE IV 中组织的现场演示中，最新的平行测试系统几乎可以立即将真实场景(包括道路几何、相邻车辆、行人等)转换为虚拟场景。除遥控操作人员要求加利福尼亚机动车辆管理局在必要时接管自主车辆的控制外，平行驾驶管理和控制(Parallel Driving Management and Control，M&C)中心还将监控车辆状态，并基于真实车辆数据来模拟未来可能出现的情况。当检测到任何潜在风险时，即使人工操作人员不知道风险，远程接管系统也能及时通知操作人员或自动远程接管自动驾驶车辆，以避免事故发生。试验表明，这种新的现场试验和模拟试验的结合，不仅提高了模拟试验的可靠性，而且提高了现场试验的安全性。

平行测试相关研究工作是在国家自然科学基金"视听觉信息认知计算重大研究计划"项目指导与资助下完成。该重大研究计划在 2008 年正式启动，目标是研究并构建新的计算模型与计算方法，提高计算机对非结构化视听觉感知信息的理解能力和海量异构信息的处理效率，克服图像、语音和文本(语言)信息处理所面临的瓶颈困难。

为推动研究工作走出实验室、产生原创性重大成果，该重大研究计划创建了两个比赛平台，中国智能车未来挑战赛即为其中之一。2009 年，第一届智能汽车未来挑战在古城西安举办。这届比赛是一个包含几个简单测试任务的自主车辆比赛，但大多数车辆无法成功完成 3.2km 的测试。

之后的 9 年里，组委会对智能汽车上路进行了一系列的比赛设计与测试。到目前为止，IVFC 已然成为世界上持续时间最长的自主车辆竞赛。随着试验车辆能力的提高，试验任务的复杂性逐渐提高。例如，在最近举行的 IVFC 2018 中，要求测试车辆在高架桥下或隧道内长距离行驶，以便在不借助 GPS 的情况下测试其道路识别能力。IVFC 的参与者从 2009 年的 4 辆自主车辆和 200 人左右持续增加到 2018 年的 24 辆自主车辆和 2000 多人。

在"视听觉信息认知计算重大研究计划"项目实施期间，清华大学、西安交通大学和中科院自动化研究所等机构组成的联合队伍经过多年的尝试与累计后，设计并构建了一个用于自主车辆研究和评估的综合自主车辆平台(integrated autonomous vehicle platform，IAVP)，该平台能够对所有试验实例数据进行定量收集，并将其转化为语义空间，从而更加准确地评价车辆在现场试验中的性能。该平台使用 GPS/INS 传感器监测测试车辆的分米级轨迹，并使用各种视觉传感器(包括路边摄像头、安装在测试车辆内的摄像头和相邻仲裁车)监测测试车辆的行为及其与其他交通参与者的交互作用。所有数据均通过 4G、DSRC 或光纤通信从传感器实时传输到本地数据中心和云数据中心，系统过滤数据并将其转换为前面定义的语义任务。平台可以为组委会、裁判员、参赛者和观众实时显示比赛视频数据和各自主车辆的运行轨迹。车辆的评分也被实时更新和显示，使得 IVFC 更加公开、公正、公平。

6.5　本章小结

本章主要对目前在自动驾驶领域内一些常用的较为主流的测试技术进行了简要的介绍和分析，包括仿真测试技术中的 V 模式测试技术、道路测试以及平行测试等，并对其进行典型案例说明。

参 考 文 献

[1] Ploeg J, Hendriks F M, Schouten N J. Towards nondestructive testing of pre-crash systems in a HIL setup. IEEE Intelligent Vehicles Symposium, Eindhoven, 2008.

[2] 魏学哲, 戴海峰, 孙泽昌. 汽车嵌入式系统开发方法、体系架构和流程. 同济大学学报(自然科学版), 2012, 40(7): 1064-1070.

[3] 王艺帆. 自动驾驶汽车测试体系与现状探究. 汽车与安全, 2016, 10: 82-86.

[4] 田真, 张曼雪, 董婷婷, 等. 基于 V 模式的整车控制系统开发及模型单元测试. 汽车工程学报, 2012, 2(6):458-463.

[5] 侯艳贺, 尹冬至. 基于 V 流程的整车控制策略开发. 第十一届河南省汽车工程科技学术研

讨会, 洛阳, 2014.

[6] 朱冰, 张培兴, 赵健, 等. 基于场景的自动驾驶汽车虚拟测试研究进展. 中国公路学报, 2019, 32(6): 1-19.

[7] 朱辉, 王丽清, 程昌圻. 硬件在环仿真在汽车控制系统开发中的应用. 汽车技术, 1998, 12: 7-9.

[8] 齐鲲鹏, 隆武强, 陈雷. 硬件在环仿真在汽车控制系统开发中的应用及关键技术. 内燃机, 2006, 5: 24-27.

[9] 马进. 基于硬件在环的智能车辆决策控制测试系统设计. 武汉: 武汉理工大学, 2020.

[10] 余卓平, 邢星宇, 陈君毅. 自动驾驶汽车测试技术与应用进展. 同济大学学报(自然科学版), 2019, 47(4): 540-547.

[11] 当家移动绿色互联网技术集团有限公司. 2019 中国自动驾驶仿真技术蓝皮书. 第六届国际智能网联汽车技术年会, 北京, 2019.

[12] 杨林瑶, 陈思远, 王晓, 等. 数字孪生与平行系统: 发展现状、对比及展望. 自动化学报, 2019, 45(11): 2001-2031.

[13] Wang F Y. The emergence of intelligent enterprises: From CPS to CPSS. IEEE Intelligent Systems, 2010, 25(4): 85-88.

[14] 袁勇, 王飞跃. 平行区块链: 概念、方法与内涵解析. 自动化学报, 2017, 43(10): 1703-1712.

[15] 王晓, 要婷婷, 韩双双, 等. 平行车联网: 基于 ACP 的智能车辆网联管理与控制. 自动化学报, 2018, 44(8): 1391-1404.

[16] 周敏, 董海荣, 徐惠春, 等. 平行应急疏散系统: 基本概念、体系框架及其应用. 自动化学报, 2019, 45(6): 1074-1086.

[17] Wang K, Lu Y, Wang Y, et al. Parallel imaging: A new theoretical framework for image generation. Pattern Recognition and Artificial Intelligence, 2017, 30(7): 577-587.

[18] 孟祥冰, 王蓉, 张梅, 等. 平行感知: ACP 理论在视觉 SLAM 技术中的应用. 指挥与控制学报, 2017, 3(4): 350-358.

[19] Li L, Wang X, Wang K, et al. Parallel testing of vehicle intelligence via virtual-real interaction. Science Robotics, 2019, 4(28): 4106.

[20] 尹培丽, 王建华, 陈阳泉, 等. 平行测量: 复杂测量系统的一个新型理论框架及案例研究. 自动化学报, 2018, 44(3): 425-433.

[21] Li L, Huang W L, Liu Y, et al. Intelligence testing for autonomous vehicles: A new approach. IEEE Transactions on Intelligent Vehicles, 2016, 1(2): 158-166.